书山有路勤为径,优质资源伴你行

注册世纪波学院会员,享精品图书增值服务

作者简介

艾利·高德拉特（Eliyahu M. Goldratt）

高德拉特博士是以色列物理学家、企管大师、哲学家、教育家、高德拉特全球团队的创立人。他曾被《财富》(*Fortune*)杂志称为"工业界大师"，《商业周刊》(*Business Week*)形容他为天才。他发明的TOC制约法（Theory of Constraints）为无数大小企业带来营运业绩上的大幅改善，包括国际商业机器（IBM）、通用汽车（GM）、宝洁（Procter & Gamble）、AT&T、飞利浦（Philips）、ABB、波音（Boeing）等。

高德拉特博士被业界尊称为"手刃圣牛的武士"(Slayer of Sacred Cows)，勇于挑战企业管理的旧思维，打破"金科玉律"，以崭新的角度看问题。

高德拉特博士所著的第一本书《目标》(*The Goal*)被众多企业视为至宝。《目标》大胆地借用小说的手法，以一家工厂作为背景，说明如何以近乎常识的逻辑推演，解决复杂的管理问题，结果一炮而红。《目标》迄今已被翻译成32种文字，全球热卖突

破700万册,被英国《经济学人》杂志誉为最成功的一本企管小说。经高德拉特博士多年的努力,TOC现已涵盖的领域包括:生产、供应链及配销、项目管理、财务及衡量、营销、销售、团队管理、企业战略战术。

他所创立的高德拉特全球团队在各个国家和地区推动"可行愿景"(Viable Vision)项目,将TOC在企业界的全面实践提升至新的高度,"可行愿景"的战略战术可以大幅提升企业的盈利及所有部门的协同互动能力。

高德拉特博士创立了非营利机构 TOCFE(TOC for Education),将TOC带入教育界,让儿童及青少年学习TOC,提高思维能力。

高德拉特博士的著作,以出版的先后为序列示如下,从中可见他发明的TOC涵盖面的广度。

- 《目标》本书阐述了TOC在生产中的运用。故事以工厂为背景,描述TOC如何带领一家工厂从危机四伏到逐步化险为夷,进而否极泰来的历程,讲述了许多突破性的管理新思维,引导企业持续改善经营业绩。
- The Race 本书以大量图解剖视了《目标》一书所引发的生产管理突破性新概念,著名的"鼓—缓冲—绳子"(Drum-Buffer-Rope)生产管理方法在书中也有详细论述。
- 《大海捞针》(The Haystack Syndrome)本书从电脑资讯系统的角度看TOC生产,如何找寻及建立真正对企业有用的资料,即推行 TOC 时所需要的极重要资料。分析 TOC 生产排程、衡量、"成本世界"和"有效产出世界"等,对著名的 TOC 练习"P&Q"小测验也有深入分析。

- Theory of Constraints 本书解释了如何寻找瓶颈和管理瓶颈,著名的 TOC 聚焦于五步骤如何令企业持续改善,以及 TOC 思维方法的要义。

- 《目标Ⅱ——绝不是靠运气》(It's Not Luck)本书是《目标》的续篇,讲述了营销、销售、配销及 TOC 思维方法。书中三家企业的故事,都是高德拉特博士的亲身经历,运用 TOC 达致突破性的解决方案。作者强调,企业的成败并不归结于运气。

- 《关键链》(Critical Chain)本书讲述了如何运用 TOC 解决项目管理的三大难题(延误、超支、交货内容不符要求),所描述的"关键链"项目管理方式比传统的"关键路线"(Critical Path)更有效,是项目管理技术上的一大突破。小说描述了一群来自不同行业的管理人员怎样在项目中一步步地寻求新出路,趣味性很强,实用性也很强。

- 《仍然不足够》(Necessary But Not Sufficient)本书讲述了高科技的有效运用,如电子商务、ERP、MRP 等,这些高新科技都被认为能解决企业的大难题,但都十分复杂,投入了大量金钱和时间,却往往收效甚微。作者指出,高新资讯科技对企业来说是需要的,但仍然不足够,还需要有

一些极重要的因素配合，才能令科技真正提高企业的运作效益。本书内容的时代感很强。

- *Production the TOC way* 本书附有光盘，内载 5 个著名的 "TOC 生产" 模拟器 310、312、350、360 和 390，模拟各种形态的工厂如何有效运用 TOC 达致营运上的大突破。这批模拟器都由高德拉特博士设计，书中有详细的使用说明及逻辑分析，这是学习 TOC 生产的最生动的方式。

- 《抉择》(*The Choice*) 本书风格独特，以高德拉特博士跟他的女儿对话的方式，来揭示 TOC 的深层次内涵，包括逻辑思维、双赢、冲突的化解、所有系统固有的简单性、如何以科学家的思维为企业的难题找出解决方案、人与人之间的关系等。作者指出，我们是否有完美人生，纯粹是我们自己的决定、自己的抉择。由于本书内容形式为充满智慧的对话，这使本书的可读性很高，可大大提升及扩展读者在 TOC 轨道上的思维能力。

- 《醒悟》(*Isn't It Obvious?*) 业界认为，这本小说比脍炙人口的《目标》更具启发性及震撼力。本书讲述了 TOC 在供应链上的应用，特别是零售业，也涉及零售和生产的互动，是 TOC 的一大突破。

译者简介

罗镇坤

罗镇坤是高德拉特学会总裁，负责在中国大陆、香港、澳门、台湾地区推广本书作者高德拉特博士所发明的 TOC 制约法。

罗镇坤曾在美国、以色列及英国接受严格的 TOC 高阶培训，获得了"钟纳的钟纳"（Jonah's Jonah）称号。他具有二十多年 TOC 实战经验，建立了分布于全国的 TOC 团队，以提供企业界所需的 TOC 顾问服务，帮助客户实施 TOC，显著提升企业的运作及盈利表现。参加过罗镇坤在各地举行的 TOC 公开及内训课程的学员数以千计，通过网上群组，他跟广大 TOC 粉丝紧密联系，向大家提供 TOC 的最新信息。

罗镇坤毕业于美国纽约州立大学，是一位特许工程师（Chartered Engineer），香港工程师学会及英国计算机学会资深会员、欧洲工业工程师学会会员、英国管理服务学会会员、美国电机及电子工程师学会（IEEE）会员、香港管理专业协会会员。

在投身 TOC 之前，他已有二十多年的管理经验，曾在许多

　　大机构中担任高级管理职位,包括香港国际货柜码头、中华煤气、森那美、中华电力。他曾为各专业及工商团体作 TOC 专题演讲。

　　罗镇坤于 1995 年成立力天香港有限公司,负责在 TOC 发明人高德拉特博士的授权下制作及出版其著作的中文版。他是 TOC 系列图书《目标》、《目标 II——绝不是靠运气》、《关键链》和《仍然不足够》的审校者,《抉择》、《醒悟》和《大海捞针》的译者。

目 录

前　言	……………………………………………	XI
导　读	……………………………………………	XIII
第1章	我们有哪些选项 …………………………	1
第2章	打破旧思维 ………………………………	14
第3章	人们为什么不按常识办事 ………………	27
第4章	固有简单性 ………………………………	34
第5章	矛盾和冲突 ………………………………	45
第6章	将信念付诸行动 …………………………	52
第7章	和谐 ………………………………………	57
第8章	永远不要说"我懂了" ……………………	65
第9章	双赢 ………………………………………	75

第 10 章 永远不要说"我懂了"（续）……………………84

第 11 章 我们有多少机会……………………92

第 12 章 货架寿命很短的产品……………………96

第 13 章 连天空也不是极限了……………………108

第 14 章 清晰思考与赘述……………………119

第 15 章 舒适区……………………134

第 16 章 人都是好的……………………144

第 17 章 舒适区（续）……………………150

第 18 章 情绪、直觉和逻辑……………………160

伊芙拉·高德拉特-亚殊乐的注解……………………165

附录 A 抉择的自由……………………213

前　言

　　起初，父亲只要求我允许他用我的名字，他说他正在写一本新书，他希望以他跟我对话的形式来写，这是父亲的第10本书，我很欣赏他不断尝试用新的风格写作，我勉强同意了。不久，他提出另一个要求，他说他想听听我对他的想法的反应，令书读起来更有真实感，这需要我花点时间，由于我忙于工作和照顾我的两个小男孩，时间现在变成了稀有的资源，因此，我询问书的内容。根据以往做法，我以为这是又一本TOC制约法（Theory of Constraints）企管小说，事情出乎意料，对，这本书包含了几个企业管理章节，但父亲解释它主要是关乎如何达致完美人生的。

　　他精准地知道按哪个按钮，我对这个主题非常感兴趣，这是为了我自己的人生，也为了我的咨询服务客户。了解到他的思维是多么具有原创性，我很好奇，想听听他想发表些什么。

　　这开始了我迄今最奇妙的智力之旅，多个月来，我们会面并辩论，往往历时几小时，父亲解释他想表达的信息，而我就提出我的想法，这为我打开了一个思考问题的新角度、一种审视现实

和做出决定的有效方式，不仅对事业有效，也（更重要地）对达致我希望达致的人生有效，父亲把书构建成一系列对话的意图变成现实了。

讨论的步伐很快，父亲把他的概念一个一个地提出来，这一切我希望有更多时间来消化。不久，我开始感到吃不消了，我开始有越来越强烈的感觉，以为自己遗漏了一些重要的东西，我也好奇，想看看我能否实际上做到他建议的事情。我想尝试画出他所谈的逻辑路线图（Logical Map），我要求他协助我，为描述我们的对话的每章画出逻辑路线图。为了确保我的理解没有出错，逻辑路线图反映他在每章所表达的主要信息。我也开始做注解，确保那些逻辑路线图对我来说是有道理的，并记录我的看法。逻辑路线图和我的注解现在已成为本书的一部分。

伊芙拉·高德拉特-亚殊乐

导　读

TOC 与完美人生

高德拉特机构区域总裁　罗镇坤

　　《抉择》是高德拉特博士继《目标》《目标Ⅱ——绝不是靠运气》《关键链》《仍然不足够》之后的第 5 本著作，但不是小说，广大读者期待已久。跟前 4 本书一样，请让我在这里提供一些背景资料，令大家阅读时获益更多。

　　作者高德拉特博士是以色列物理学家、"制约法"（Theory of Constraints，TOC）的发明者。《抉择》一书风格独特，以高德拉特博士与他的女儿对话的方式，来揭示 TOC 的深层次内涵，包括逻辑思维、双赢、冲突的化解、所有系统固有的简单性、如何以科学家的思维为企业的难题找出解决方案、人与人之间的关系等。由于本书形式是一系列风趣、充满智慧的对话，因此可读性很强，可大大提升并扩展读者在 TOC 轨道上的思维能力。

　　本书所说的"抉择"，究竟是指什么呢？是指我们选择怎么样的人生——是平庸的人生，还是完美的人生。绝大多数人会选

择后者,但怎样的人生才算完美呢?财富、运气、权力、长寿、地位,这些是否就足以代表完美的人生呢?这本书不谈这些表面的东西,而是在更深层次探索完美人生之路——一条大家都希望踏上的金光大道。

在完美人生之路上前进,需要在家庭、朋友和工作上都不断取得有意义的成就,但真正做到的人不多。一旦在途中遇到障碍(如无法有效面对复杂的环境,无法化解冲突,人际关系不和谐,自满,即以为自己已经懂了,不需要争取更大的突破了),人们就失去了方向感,在迟疑和混乱中,人们无法清晰地思考,机会就会擦身而过(这里不仅是指赚钱的机会),当然也就无法实现更高、更有意义的成就,完美人生也就变得遥不可及了。

物理学——TOC 智慧的源头

高德拉特博士是一位物理学家,他的所有论述都基于一个信念,那就是,硬科学的概念和方法都是可以用于社会科学的,也包括企业管理。他发明的 TOC 坚持探究事物的因果逻辑关系,追寻事物背后的假设,就像科学家做科学那样;TOC 不搞抽象的、虚无缥缈的东西,这些特点正是很多读者所欣赏的,也是令他们对 TOC 产生兴趣的原因之一。

高德拉特博士秉持的一个信念,是 300 多年前英国物理学大师牛顿首先提出的。牛顿说:"自然界是极其简单的,内部极其和谐。"这里最关键的两个概念是"简单性"与"和谐"。在这本书中，高德拉特博士创造性地将牛顿的简单性与和谐概念引申至企业及个人层面，引申至他们面对的矛盾和冲突。

简单性

在"简单性"这部分，高德拉特博士引申出"固有简单性"（Inherent Simplicity）这个概念，在本书的第 4 章中，他以逻辑推演证明：如果人们懂得思考及深入分析，懂得挑战深层假设，所有看起来极为复杂的环境或问题其实都是极为简单的，这样，相应的解决方案也可以是极为简单的了。心中有了"现实是极为简单的"这个信念，当我们面对周遭乱哄哄的环境时，就有了截然不同的看法，再也不需要彷徨、退缩，或者掩饰问题，将其长期放在一旁了，而是将之彻底解决。

TOC 式的和谐

中国文化很重视并珍惜和谐，那么，对牛顿所说的"和谐"，TOC 又有何新的演绎呢？从最广义及现实层面来说，和谐是指我们能否跟别人和睦地合作。而在 TOC 中，高德拉特博士为各个应用专题（Applications）构建的解决方案都有一个共同的本质——各方案都为相对应的运作环境（如生产线、供应链）移除了所有导致人们互相猜疑、不和谐的因素。结果是，环境出现了戏剧性的变化：和谐在最不可能出现的地方出现了，不只在宏观层面，和谐在所有员工之间出现。高德拉特博士认为，承认一个环境的固有和谐的确存在，并致力于移除妨碍和谐的冲突，就是达致更重要的和谐（人与人之间的和谐）的钥匙。

高德拉特博士告诫人们,在重视并珍惜和谐的同时,千万不要让自己对和谐的追求极端化,演变为千方百计避免任何对峙的局面。对峙局面不出现当然好,但不能以不化解现有冲突作为代价,当冲突得不到解决时,就会被遮掩起来,它们其实仍然存在,而且会进一步滋长,制造更多的问题。因此,一定要懂得及勇于破解冲突,达致双赢,而不是以维护和谐之名逃避冲突。

这本书提供的最重要的信息之一是,如何正确处理冲突——没有对抗,也不对冲突视而不见。

书中列举的案例

读者可能会问:既然和谐及简单性都是固有的,为什么几乎所有人一直都没有在周遭的环境中发现呢?企业家们也可能会带点儿尴尬地问:TOC循着这些思路在各个领域开发出来的威力强大的方案,为什么他们做梦也没有想到呢?不要忘记,他们在行业内的见识及经验肯定比高德拉特博士及任何TOC专家都要多很多,为什么他们偏偏看不见简单而有效的方法呢?

是旧思维在作祟!!

高德拉特博士在这本书中加入了多份他亲自撰写的TOC实施项目或活动的报告,包括零售业、服装业、一家服务品牌公司的承包商、食品业,以及印度的一家快速销售产品制造商,该公司通过2 000家分销商服务于250万家商店。这些报告描述的都是非常庞大及复杂的例子,都以TOC配销及供应链方案作为最主力的改革方案。

高德拉特博士挑选这批例子，目的不是介绍它们在 TOC 技术层面的配置，而是记述及分析这些企业的管理者为什么总是坚定地认为要令企业利润跳升很多倍是不可能的、不切实际的，然后他们怎样在 TOC 的指引下一步一步挑战及推翻旧思维，最终得出突破性的方案，达到所有人都一致认为不可能达到的利润水平。当然，这个过程不可能是一帆风顺的，各种障碍、阻力、犹豫及抗拒都会出现，必须逐一克服。

为什么这些企业的管理者不在很久以前就懂得这样做呢？一定是有某种东西、一个错误的假设——一些被他们视作理所当然的、不争的现实——正阻挡着他们，令他们看不见最明显、简单的事物和道理，更不要说迈开脚步去尝试了。找出那个错误的假设是最关键的一步，也是 TOC 最核心、最基本的动作和要求。一旦做到这点，复杂的环境就顿时变得非常简单了，绩效实现了，各单位之间的关系和谐了，双赢、多赢的局面也随之出现了。这几点也是高德拉特博士所指的完美人生的重要内涵。

伊芙拉·高德拉特-亚殊乐

作者高德拉特博士是何许人，相信读者都不需要我在这里多做介绍了。这本书的第二作者是伊芙拉，高德拉特博士的女儿。我首次跟她见面是在 1995 年夏天，地点在以色列，当时我正出席一个准备在全球推出的 TOC 管理技巧课程的最后演练和讨论

会，伊芙拉也在场，跟其他出席者不同，她不在她父亲创立的机构中占任何席位，她是组织心理学博士，拥有自己的事业，为客户提供组织心理学专业服务。

在5天的活动中，我有多次机会跟伊芙拉交谈。我的感觉是，她的思路非常清晰，说话不多，但逻辑极分明，可能是自小就受到父亲熏陶的缘故吧。她缕述了高德拉特博士20世纪80年代初首次尝试写书，以及其后捧着《目标》一书的稿子四处恳求出版商高抬贵手给予出版机会但屡屡失望而回的漫长及痛苦经历，她使用的"痛苦"一词及她当时的神情，至今仍令我印象非常深刻。我当时就想，她不讲父亲的辉煌，只谦卑地讲他的痛苦和失意。真有意思！

高德拉特博士的人生哲学是什么

作为高德拉特机构全球架构的一员，我几年前已看过高德拉特博士在不同时段传阅的上述这批报告，但只是把每份报告独立地看，而现在这本书把所有报告有系统地编排开来并附加解释，TOC最高层次哲理的脉络跃然纸上，我再翻阅时感受就深刻得多了。

多年来，高德拉特博士不断开发TOC新的内容，出版著作，并亲自到世界各地为众多企业带来突破。他的任务艰辛庞杂，因此，一定有一股推动力在不断地激励着他勇往直前。其实，很多TOC界的人，包括我，一直都在猜测，高德拉特博士心中一定秉持着一套明确的、独特的人生哲学,来驱动并贯通他的所有论述及行动。他可以发表这套人生哲学吗?我们一直在问他、等他。看到这本书,我不禁惊叹:就在这里!

这特别值得珍惜,因为这本书在全球面世后不久,2011年6月11日,高德拉特博士就与世长辞了。《抉择》一书,再加上他以前的著作,大概还未能完全盛载他的思想和人生哲学,要让TOC发扬光大,需要我们这些后人不断努力探索、发掘、推敲,要做到他在书中一再强调的"清晰思考",这4个字正是他在自己传奇的一生中一直坚持的。

"清晰思考",本书的读者也可以做到。

不断探索、实践和学习

按照高德拉特博士在书中详细表达的逻辑,所有冲突都是可以破解的;所有环境,不论最初看来有多复杂,其实都极其简单;所有情况都可以大大改善;双赢总是可以找到的。这听上去会令你感到很乐观,但别误以为人人都一定会因此很容易达到完美人生,因为这个好消息深层的意思是,你再也不能够靠责怪环境太复杂,或者抱怨事情超出你的控制范围甚至非你的能力所及,来给自己找借口了,你必须对自己的人生承担全部责任,这样才会让你走向完美人生。

要从这本独特的书中得到最大的收获,读者需要启动大脑,用心思考。本书的内容是两位思维能力极强的人的对话,一字一

句都有深邃的含义，正如武侠小说中常出现的"高手过招"。关于一招一式怎样理解、怎样学习，作为旁观者的你，可能会眼花缭乱、不明所以，跟不上两位"高手"的思路、节奏，怎么办？

我建议读者以正常速度先阅读一次，然后慢速阅读多次，请留意，对书中绝大多数章节，伊芙拉都在书后添加了详细注解，并附有逻辑路线图，建议读者每读完一章，马上跳到书后读一读相关注解，这对加深理解非常有帮助。逻辑路线图非常容易明白，我不用在这里多做解释了。

这些注解相当重要，所占页数也不少，由伊芙拉所作，她曾谦虚地把她的初稿交给我，征求我的意见，务求做到最好，我也曾提出一些改动建议，她欣然接受。她为协助读者清晰思考而付出的一番心血，值得读者品味和体会。

读《抉择》只是一个起点，接下来一定要不断探索、不断学习，才能牢牢掌握及运用好TOC。高德拉特博士创立的全球性"高德拉特机构"提供各种TOC服务及学习渠道，也开展TOC实施项目，帮助企业全面推行TOC。

作为高德拉特机构区域总裁，我深感任重而道远，希望借着《抉择》这本书，结合对TOC有兴趣的企业和人士，形成一个网络，共同探索、学习和实践TOC，（请参阅书后的读者调查表）。在TOC的道路上，我们起步虽然比欧美国家晚，但已渐渐积累了一些实践经验，TOC也为越来越多的人认识和了解。我拟将自己应用TOC的经验整理成书，与大家共同分享。我深信，只要各方共同努力，TOC一定可以为更多的企业带来骄人的成绩。

《抉择》是一本很特别的书，它不是小说，且书中的TOC技术含量高，翻译的难度也比较大，因此我决定亲自翻译这本书。为了加快出书流程，我曾动员TOC专家团队的一些成员初译书中一部分章节，再由我做审校，对这些战友的付出、热诚和团队精神，我在这里深表敬意及谢忱。

第 1 章
我们有哪些选项

The Choice

　　我是伊芙拉,将父亲的著作大声朗读给他听,我已习以为常,他说我的评语,特别是肢体语言,能帮助他发现他的论点有哪些还不够清晰。

　　有一次我问他:"为什么选我来做这件事呢?"

　　"因为,你跟那么多人不一样,你不会自欺欺人地认为自己已懂得机构的所有问题,更别提人类的行为了。"

　　我喜欢他的答案。我非常努力地取得了组织心理学博士学位,花了许多年的时间才领悟到,有多少事情我们还是一无所知,难怪我现在要大声朗读给他听的这份报告的题目特别吸引我,叫作"抉择的自由"。

　　"父亲,影响你一生的最重要的决定是什么?"我问。

　　他坚定地回答:"我要度过一个完美的人生。直接导致这个想法的最重要的决定,就是我决定不断地投入时间去了解,真正地了解每个我感兴趣的领域——家庭、朋友及工作。"

　　我知道父亲所谓的"真正了解",是指花无数小时尝试解密造成一个现象的因果关系。我叹着气说:"这并不容易。"

　　"谁说这很容易?你要一个安逸的人生吗?"他问。

　　作为父亲的女儿,我已经不止一次听过这个问题了。"我知道,我知道,如果你想要安逸人生,只要拿一个大榔头往自己的头上用力地敲下去,你就有安逸人生了,甚至有人会将食物送到你的床边。"

　　我肯定想过一个有意义的人生——完美人生——而我认识的

每个人也都这样想，但我也知道虽然人们想拥有完美人生，但大部分人并没有办到。

"为什么要人们承认他们并不企望安逸人生那么难呢？"他问。

"因为，他们的确想要较安逸的人生，而有意义的人生实在太难达到了。"

他不耐烦地摆摆手说："是有方法可以达到的，只需要思考，清晰思考，像真正的科学家那样思考。"

"也就是说，"我语带讽刺地说，"你只需要是个天才就可以了。"

他马上回答："不，你不需要。我并没有与生俱来的过人脑力，我年轻时的 IQ 测验结果可以证明。我是一步步走过来的，通过实践、实践、实践。伊芙拉，你何时才能了解到，你跟其他人一样，有足够的直觉和脑力，能够像一个真正的科学家那样思考？"

我不接受这种说法，但在他的论断中，有另一点更困扰我："父亲，像一个真正科学家那样思考，如何能令一个人享有完美人生？"

他微笑，一显他的苏格拉底式的风格，反问："也许你可以从我们 15 分钟前就打算开始读的报告中演绎出答案来？"

我开始朗读。

　　这份报告①是关于过去几个星期以来几乎花了他所有时间的事。这一切都由一个巧合开始,两个零售业集团同时表示有兴趣执行他的理论,在两个星期之内,这演变成了一个包含巴西5个最大零售业集团的项目的大好机会,而正当他开始要带领他的团队勇闯这个新鲜而且极有潜力的市场时,这个机会突然化为乌有。

　　当我读完时,他问:"觉得如何?"

　　"这一定让你很失望吧?"我说。

　　"为什么你会说失望呢?"他惊讶地问道。

　　我坚定地回答:"当出击没有成功时,每个人都会失望,例子越重要,失望就越大。就算他无愧于自己的决断,就算他选择往光明处看,就算他的心肠是铁做的,他还是会感到失望,把这种感觉压抑下来,并不代表它不存在。"

　　他微笑着说:"一个典型心理学家的回答。现在你说我压抑了我的挫折感,那么,当我说我不失望时,还有谁会相信我呢?"

　　我不理会他的说法,我知道我是对的。

　　"让我们从不同的角度看。"他建议,"让我们假设你是一位科学家,你想用新方法建造一个仪器,当然,由于你经验老到,你会先搞一个实验——建造一个原型(Prototype),你可从原型中得到什么?"

　　我小心地选择我的用词:"只有傻瓜才会预期原型首次运作

---

① 读者好奇的话,可以在附录里找这份报告看看。

第1章 我们有哪些选项

就很完美,你只能期望找出哪些部分是按照预期要求运作的,哪些却不是。"

"说得好。"他鼓励我。"现在,假设原型验证了哪些部分是可行的,也显示其中一部分不行,既然有一部分不行,原型作为一个仪器,就运作得不好,甚至完全不能运作。亲爱的女儿,作为建造这个原型的科学家,你会感到很失望吗?"

我听出他的观点,很有趣的观点。"只有一小点失望吧。"我说。

"一旦找出如何解决不行的那部分的方法,你的感觉会怎样呢?"

"我会龙精虎猛。"我承认。

对我父亲来说,任何情况都是学习机会,每项新举措都是一个探索,我瞥了一眼刚才朗读的文件,一路走来,他明显地是在构建及试验。原型的比喻是恰当的。

"科学家设计并建造仪器原型,其他人只使用这个仪器,两者分别何在?"他问。

这是一个简单的问题,我信心十足地回答:"一般人不知道这个仪器的内部运作,对他们来说,这只是箱子一个,因此,如果它不动了,他们会感到失望,如果他们急需用它,那么他们将不仅失望,还会很生气。"

他点头同意。

"至于那位科学家,"我继续说,"他知道仪器如何运作,以及为什么会运作,他熟悉仪器的各部分,也明白令它运作的相关

因果关系,因此,即使原型,作为仪器,不动了,只要它能提供新知识,令人们知道哪些因果关系是成立的,哪些不成立,这一进展所带来的满足感足以弥补挫折感。"

父亲把身子向前倾,说:"当一个原型——一项新措施——不成功,我们面临两个选择:一个是对现实抱怨,另一个是收获事件带给我们的礼物,即让我们知道必须纠正什么东西的宝贵知识,这就是我将报告以'抉择的自由'为题的原因。"

我尚未消化完他说的话,他已继续说:"仪器和原型,我们讲得够多了,让我们谈谈现实。就你刚才读到的现实,你还认为我很失望吗?"

经过短暂的沉默,他重复他的问题:"伊芙拉,你仍然认为我很失望吗?"

最后,我回答:"你大概没什么,但是,我相信你周围的人深感失望。"

"你说得对。"他承认。

"我敢打赌,你要帮助他们克服挫折感,很不容易。我深信,他们已筋疲力尽,而你必须努力恢复他们的热情和信念。你所说的'抉择的自由',嗯,对你来说,也许很容易,但对大多数人来说,要做出具有建设性的抉择,相当困难。"

过了一会儿,他问:"为什么?"

"为什么每个人都难,而你就容易呢?"

"我有何不同?"

第 1 章　我们有哪些选项

我有点迟疑地回答："你是科学家，你在不断地思考世界是如何运行的，试图表达原因和后果的关联，不管是什么题目、什么情况。"

我更有信心地继续说："对你来说，一切都像一个原型，难怪令其他人失望及产生挫折感的事情对你却是能量的源泉。"

这对我来说是个新发现，很明显，科学家的方法带来不少好处，不过，那是怎样的方法呢？

一方面，人们必须谦虚，假设很多事情自己都不懂，其实，为了避免挫折感，人们必须预期，第一次尝试大概都是不成功的。

另一方面，人们必须自大一点，对自己纠正问题、令事物得以成功运行的能力抱有极大信心。

把这两方面放在一起，你有了一个漂亮的矛盾修饰词：谦虚地傲慢。

我望着父亲，说："这是我第一次明白，以科学家的方法来保持新举措所需的耐力是何等有助力。"

"这也有助于新举措本身的产生。"他评论说。

"也许。"我说。

父亲不喜欢这样不够明确的反应。

"塞内卡（Seneca）在 2000 年前说过：'当充足的准备碰上机会，就是好运气。'你认同吗？"他问。

我慢慢地说："而知道事物的因果关系，就是最佳准备。"

父亲继续引导我："如果有人毫无准备，如果他对现实呈现给他的机会视而不见，会有什么后果？"

要预测这个后果不太难。"如果有人毫无准备，绝大多数机会他将看不见，这样的人只在等待有人将好运气放在银盘子上呈上来给他。"我进一步引申，"如果一个人没有足够的机会，他会觉得生活没有给他一个公平的机会，觉得自己受环境限制，无能为力。"

我刚才描述的，可适用于多少个我的朋友呢？

这是否过分简单化了呢？我必须再思考一下。

"坏运气就是，现实碰上准备不足。"他说，"像科学家那样对待现实，如果做得好，其本身也就是所需的准备。"

然后他补充说："如果有人毫无准备，他有什么抉择的自由？"

现在我开始认识到，这不仅是选择光明一面的自由，抉择的自由也牵涉识别那些可转化为真正机会的能力。

父亲大声叹气，打断我的思路："遗憾的是，虽然经过一番努力，我仍然往往准备不足。"

我微笑，如果我能像他那样准备不足，我就心满意足了。为了确保我真的明白，我尝试理顺我的想法。

我说："你不断构建现实的逻辑路线图，这可在两方面帮助你。第一，你能够判别在你关注的领域中出现的机会，这点我现在才领会到是多么重要；第二，当新事物起始时不顺利，你不会灰心丧志，相反，你缺少的东西被凸显出来了，让你勇猛地冲上

第1章 我们有哪些选项

前去做出补救，将机会化为成功，我已经看过你一次又一次如此。"

不一会儿，我补充说："我羡慕你。我希望我继承了你的聪明才智。"

"又来了。"他感叹，"每个人与生俱来都有巨大的脑力，遗憾的是，有障碍妨碍脑力的使用。抉择的自由的更深层次意思是指，是否投资于克服这些障碍的抉择。"

看到我大概明白他的意思，他继续说："你能推测这些障碍是什么吗？"

作为一个心理学家，我的潜在障碍清单那么长，心理关卡太多，我不想罗列出来了，我问："你能给我一点提示吗？"

"情况越复杂，解决方案必须越简单。"他背诵着。这是他最喜欢的词句之一。

现在，我被卡住了，我已经习惯了从人的内心世界入手，从他的情绪、他的禁忌入手。父亲要我从人的外在世界入手，从他正在挣扎中的那个现实世界入手。

我不想随便说一个即兴答案，我问："有什么障碍？"

他慢慢点燃他的烟斗，当他对升起的轻烟感到满足时，他开口了："首要及最深层的障碍是，人们相信现实是复杂的，因此，他们为复杂的解决方案寻找复杂的解释。你明白这种行为的破坏性有多大吗？"

"我对此是有直觉的，但我宁愿先听你说。"

"我正在寻觅一个好比喻。"他一边说,一边看天花板,"假设你有一个很好的螺丝起子,而你的任务是将螺丝从木头中起出。你有了完成这项任务的正确的工具,但由于某些原因,你误判那不是螺丝而是钉子,你的任务会多成功呢?在这件事中,说你缺乏够好的工具是荒谬的。人们的脑力没有问题,错就错在人们对现实的认知,最大的障碍是,人们视现实为极端复杂,实际上非常简单。"

当他意识到我明白了的时候,他继续说:"当我离开物理学界而开始跟机构打交道时,我吃惊地看到,大多数人的态度是,越复杂的东西越受人尊敬。对复杂性的这种荒谬的迷恋,也令人们完全避免使用脑力。你看,由于复杂的解决方案是不行的,人们就以为自己认识得不够多,以为必须先有大量细节资料,才可以尝试了解一个环境。"

"我知道好几个这样的悲哀例子。"我同意。

"对复杂性的崇拜,是完全错误的。"他坚定地继续说,"要像一个真正的科学家那样思考,关键是接受。在现实生活中,无论开始时情况看起来有多复杂,其实一旦明白了,都简单得令人感到尴尬。再者,如果情况是基于人类的互动的话,你大概已经拥有足够的知识可以开始处理它了。"

"我不能肯定我同意你后面的说法,"我说,"我相信大部分人,以他们的个人生活为论点,甚至不会同意你前面的说法。"

"我要怎样才能说服你呢?"他问。

第1章　我们有哪些选项

由于我从来没有完全接受父亲所称的复杂的现实其实很简单的说法，我决定利用这个机会追根究底，彻底弄清楚。"给我一个例子，一个决定性的例子。"我坚持。

"好。"他说，"找一件你正在挣扎中的事情。"

不，这太容易了。有时候，我也能够找到漂亮的方案去解决个人的问题。"找一件我正在挣扎中的事情，是不会成为一个大家都认为有意义的例子的，除了我。"我反对。然后我澄清："对他们来说，这样的例子是不足够的，因为大家都认为自己的个人问题不但独一无二，而且是最难克服的，如果问题真的还可以被克服的话。因此，找一件我正在挣扎中的事情作为例子，将无法说服任何人认同在他们正面对的环境中也可以办到。"

"让我们以劝服你作为开始吧。"他笑着说，"这也够难了。"

"但这不是一个好例子，甚至对我自己来说也不是。"我继续反对，"我不认同你说在任何以人类互动为基础的环境中，我已有足够的知识可以开始。找一件我正在挣扎中的事情也不会改变我的看法，因为在这种环境下，很可能我已拥有相当多的知识可以让我开始了。"

"什么例子才能满足你呢？"他呻吟，"你不接受任何个人问题，但仍然希望例子是关乎人们所遇到的麻烦的。也许我们可以同意以下说法：你必须同意，没有人是孤岛一座，一个人的大多数困难和乐趣来自和其他人的互动。"

我对建议没有异议，他继续说："较复杂的例子往往牵涉不

止一个人,而是许多人,每个人有独特的个性、个人利益和既有的观念。难度最大的例子不仅面对一个多样化的群体,还要这个多样化群体一起实现某些目标,换言之,一个机构。"

我不同意机构一定比个人复杂,但我接纳这个主意,不以具体的个人问题作为例子,父亲将试图以机构证明他的说法。

我接着说:"那么,你的意思是,你将以一个机构作为例子来证明给我看,了解它的行为及背后的原因其实是很简单的。但你还声称,清晰思考有助于制造机会,因此找一个机构并为它的活动的因果关系解密,是不足够的,你还必须演示给我看,通过简单的逻辑路线图。"

他尚未来得及评论,我就提醒他要面对的真正挑战:"你还声称,如果情况基于人类的互动,我已经有了足够的知识来破译它的行为及背后的原因,那就是借着当中的因果关系。每个机构都是基于人类的互动的,因此,为了让我好好检查你的说法是否正确,选一类我从来没有工作过的机构吧。"

他似乎处之泰然,问:"你有没有跟真正复杂的机构一起工作过?年销售额数十亿美元那一类。"

"我甚至不能想象十亿美元是什么概念。"我承认。

"服装业,怎么样?"他问,"你有没有看过这个行业的大品牌公司的内部运作?"

"不,我没有。"

他转向他的笔记本电脑,过了一会儿,他说:"我刚发送了

第1章　我们有哪些选项

一个文件给你，是一家非常庞大及成功的服装品牌公司的报告。但我们必须确认，什么才能令你认为这是一个很好的例子，即相关的因果关系十分简单，简单得令人尴尬。"

"这倒容易，如果它们不是简单得令人尴尬，我就会迷失方向且感觉沉闷。"我微笑。

"这很公平。"他笑着说，"我有信心，甚至敢打赌，你不仅不会感觉沉闷，甚至会大吃一惊，为什么那家公司的经理们，以及几乎所有其他同类公司的经理们，一直没有看到那么明显的道理。"

"打赌赢了，奖项是什么？"我开玩笑地问。

"大大的。"他回答，"奖项就是，你将赢取一次亲身经历，看到相关的因果关系是如此简单，简单到只不过是常识而已，以及看到常识的威力是多么大。"

"我知道你的意思，那大概会是不平凡的常识。"我说。我面带微笑，打开文件。

第 2 章

打破旧思维[①]

The Choice

[①] 这是一份于 2006 年 4 月发给高德拉特机构传阅的报告,为了方便不熟悉 TOC 制约法的读者阅读,报告内容曾稍作修改。

第 2 章　打破旧思维

几个星期前，我（高德拉特博士）和 20 多位中层管理人员共度了一个上午，他们来自一家很著名的服装品牌公司，我们就称这家大品牌公司为"大品牌"吧。我撰写这份报告的理由是，人们普遍认为一家公司的业绩改善是有极限的，我讨厌这种想法，人们认为，要公司业绩表现有大飞跃，只有中小型企业才行，而非常大的公司（数以十亿美元计的公司）要达到颇具规模的改善——例如，在短短几年内令年销售纯利等于今天的年销售额——实在是不切实际和不可能的。

"大品牌"是行业中当今最佳企业之一，很少人没有听过"大品牌"这个名字。看看该公司的财务报告，你就知道它名不虚传，它的年销售额是几十亿美元，年销售纯利是销售额 10%左右。在服装行业，能够拿到这么高的年销售纯利，是很了不起的表现了。

我向小组提出的第一个问题是："你们认为年销售纯利可增加多少？比如说，5 年后，年销售纯利会是多少？"

会议室内开展了一场辩论，直至他们当中的最高级别人物——财务董事——发言，他的明确答案是，5 年内年销售纯利可变为差不多双倍，达 10 亿美元。他们知道，这是相当雄心勃勃的目标，他们也知道绝不容易达到，然而，作为一家公司，下定决心的话，对，他们可以办到。辩论就停下来了。

我不追问他们将如何实现这个雄心勃勃的目标，我反而问他们，5 年内，年销售纯利 40 亿美元，他们怎样看？不出所料，他们认为这个数字是完全、绝对不切实际的。

真的不切实际吗？

增加年销售纯利，可以通过扩大公司规模或改善现有运作办到。我同意，要一家大公司几年内规模扩大 5 倍是不切实际的，那么，通过改善现有运作来增加年销售纯利，又如何呢？

跟几乎所有其他公司一样，他们也有无数举措进行改善，而跟几乎所有其他公司一样，大多数的改进举措主要围绕节约成本这个主题，包括试图节省运输成本、找更廉价但仍可以接受的供应商等。如果一个节约成本计划一年能够节省几百万美元，已被视为很好的计划，如果每年能够节省数千万美元，就被认为是极为成功的计划。难怪他们认为年销售纯利增加数十亿美元是不可能的了。

为了揭示改善的真正空间有多大，我要他们观察一个现象——缺货。

我问："零售店都有一张它们决定要持有的库存单位（Stock Keeping Unit，SKU）清单吧，平均而言，有百分之多少的 SKU 会在店中缺货？"

跟许多其他品牌一样，管理层知道缺货情况相当普遍，但没有一个清晰的数字来显示缺货程度，他们猜测，可能接近 30%。

"零售店因缺货而损失的销售额，你们知道是多少吗？"我问。

"不到总销售额的 30%。"他们回答，"因为很多时候顾客买不到他们要的货品，仍然会买其他东西代替。"

我表示不同意。我承认，有些顾客会买代替品，但有另一个因素令我相信，销售额损失百分比远高于缺货 SKU 的百分比。

"在零售店中缺货的最典型的是什么 SKU？"我问。

他们轻而易举地回答说是那些需求大大高于预估的货品。

"我们能不能得出这个结论——缺货 SKU 的需求量平均来说高于大多数不缺货 SKU 的需求量？"我问。

考虑到零售店中那么多货品都是慢销 SKU，他们不得不同意。

下一个修辞性问题是："难道这不意味着缺货所造成的销售额损失百分比远远高于缺货 SKU 的百分比吗？"

当许多人猜测销售额损失百分比可能高达 50%时，我说："如果我们以现有销售额作为基点，这是不是意味着缺货所造成的损失接近你们现在的实际销售额？"

他们对此感到有点儿震惊，我继续解释，促请他们注意他们的仓库，"大品牌"仓库缺少的货品会在零售店应持有的 SKU 清单上移除，因此，查验仓库缺货所带来的影响也很重要。

"大品牌"的产品像许多时装产品一样，在市场上的寿命只有 6 个月，每年的业务划分为两个季度，因此，每 6 个月，公司就推出一个新的产品系列，公司以 6 个月的批量进行采购——订整个季度的货。我问他们："如果你们在一个季度开始后 3 个星期到一个区域的中央仓库，你们会发现有些 SKU 已卖光了吗？"

他们的回答是:"会,肯定会。"

"季度初,中央仓库持有 6 个月的预期销售量,为什么短短 3 个星期后,有些货品已在中央仓库缺货呢?"

同样地,答案是,短缺的都是真正的快销品,它们销售火热,需求远比预估的高。

"在这些产品上损失了多少销售额呢?"

然后我们审视以下的逻辑推演。如果某 SKU 在 1 个月内已卖光,他们实际上损失了它以后 5 个月的销售额,该 SKU 损失的销售额大概等同于它已卖出的销售额的 5 倍(他们同意,产品在季度初的需求通常不会处于高峰,但已可反映市场的真正需求)。

"有多少 SKU 在 3 个星期内已卖光? 6 个星期呢? 3 个月又怎样?"

他们没有具体数字可作答,但他们的印象是,季度初 3 个月内已卖光的 SKU 相当多,大概占所有 SKU 的 1/3。

正如我们所说,"大品牌"仓库缺少的货品会在零售店应持有的 SKU 清单上移除,因此,我们应该将零售店缺货所造成的影响跟仓库缺货所造成的影响合并起来。他们同意,我们面对的现象是,损失极有可能等同于或高于已实现的销售总额。

然后,我鼓励他们将这一发现转化为对利润的影响,估计缺货对公司的年销售纯利会造成多大的冲击。我问:"如果公司成功地免除缺货,年销售纯利可增加多少?"

经过一番讨论后,他们得出的结论是,如果通过一些举措,零售店不再受缺货困扰,"大品牌"将只需要适度增加基础设施以支持因此而增加的销售量,而增加的销售量不会引发营运费用显著增加,唯一增加的是公司由于货量增加而要付给供应商的钱,但货品的买入价只是售价的 1/5,由于免除缺货而引发的销售量增加所产生的钱,80%可直接变为年销售纯利。

当结论浮现时,会议室内突然一片沉寂,消除缺货对年销售纯利所带来的影响,可能一年超过 40 亿美元。

为什么他们以前没有充分意识到这点?

我和他们分享我的猜测,认为这源于他们的特殊环境,他们这一行业的文化受一种现象支配着。长期以来,市场上产品的寿命(6 个月)都短于供货所需的时间(一年半)。例如,"大品牌"在 1 月或 2 月为翌年夏季选定布料,这是极难应付的运作环境,而越来越多的行业(如电子业)也被卷进这种运作环境中,他们也开始痛苦地感受到这个问题。

难怪随着时间的推移,这一行业开发出了一个自保机制——掩饰痛苦的问题直至其被接受的文化。例如,该行业如何形容季末前 SKU 已卖光而导致巨大损失的现象呢?他们没有给该现象一个清楚地表示其负面影响的名称,相反,他们以一个很正面的名称作掩饰,他们称之为"卖光"。所有人都笑了。他们承认,他们其实视"卖光"为一件很风光的事情。

同样地,行业也试图隐藏这一现象,即同一枚硬币的另一面。

过时报废或过时产品,这两个名词在这个行业并不存在,我们一起探讨了服装业是怎样把过时报废隐藏起来的。

在公司层面,就把它隐藏在"平价市场销售"的名堂下,在平价市场售卖,要减价多少?从来不是 5%～10%这个范围,最少减 30%,而 70%也相当普遍。这些就是被卡在公司而无法推到零售店中去的货品。

在零售店层面同样也有过时报废的问题,他们不称之为过时报废,而称之为"季末大清仓"。"季末大清仓"减价超过 5%～10%,而"季末大清仓"在季末之前起码一两个月进行。

在整个系统中,过时报废的货品数量大概占所有货品的 30%或更高,这绝对不是小事一桩。

我们必须牢记的是,有两种现象并存——很多 SKU 缺货,但同时,很多 SKU 有很高的过剩库存。

"怎么会呢?"我问

他们很容易就能回答,答案对行业中人来说是很明显的。

他们是在什么时候决定每个 SKU 的产量的?在季度开始之前。在这个阶段,他们知道每个 SKU 的真正需求是多少吗?当然不知道。

会议室里弥漫着他们对预估准确性的嘲讽,他们揶揄有人能够准确预估一个 SKU 在超过半年之后的需求。他们甚至认为所谓的"准确预估"连有根据的猜测也算不上,难怪约一半的货品预估过低,导致短缺,而另一半的预估却过高,导致报废。

第 2 章 打破旧思维

但他们可以做点什么呢？

是的，他们可以，只要他们放弃由预估制造出来的幻想——一种错觉，以为未来的需求是可预知的。如果他们的最基本假设是，他们无法知道每个 SKU 将来的需求，那么，他们应该如何运作呢？

我们开始考量各个可能性，探讨他们在何时才获得可靠的信息，确定哪些 SKU 快销，哪些慢销。

他们声称，季度开始两个星期之后他们就能确定了，但为时已晚。

真的吗？如果供应链的反应时间大大加快，那又如何？

"但目前供应商需要两个月来生产产品。"他们指出。

"为什么那么久呢？"我问，"一双鞋或一套服装，只需要不到 30 分钟的纯生产时间，你们为什么把其放在两个月生产所需时间（production lead time）的框架下来看待呢？"

"因为我们以非常大的批量订货。"他们尴尬地回答，"我们以整个季度的预估销售量订货。"

"以较小的批量较频繁地订货，会令买入价升高吗？"

"不会，只要季度的订购总额大致维持或有所提升。"他们回答，"但是，运送货物的时间怎么办呢？"他们问，"绝大部分生产是在远东地区进行的。"

"有飞机呀。"我直截了当地回答。

然后，很快我们一同把新的运作模式的基础描绘出来了。

　　季度一开始，公司可以只持有一个月的库存，利用头两三个星期察看哪些产品真正好卖，哪些不好卖。然后根据实际消费量向仓库补货，公司当然需要说服供应商接受小批量订单，这不是大问题，反正以小批量生产服装并不需要更多产能。

　　当然，公司需要为头两个星期显露出来的快销品安排空运，以应付未来几个星期的需求，同时安排以海路运送另一批货。总的来说，用空运而不用海运的货，预期不会超过所有货品的20%。公司很快就意识到，尽管空运费用比海运昂贵得多，但相对于货品的售价（或者更糟地，相对于缺货），还是微不足道的。

　　以上做法，他们认为是一个重大的、横跨整个系统的变化（但仍具逻辑性及可行性），可将缺货降至最低，并且差不多完全免除过时报废。

　　当结论被明确地推演出来后，会议室中人们兴致勃勃地交头接耳。方案本身大概已足以令公司达到合乎实际的 40 亿美元的年销售纯利目标。

　　但是，我们才刚刚起步。

　　"让我们看看，我们能否就下一个指导性概念达成共识。"我说，"只要最终消费者还没有买，供应链上任何人都没有卖出。"

　　我很惊讶，他们一致认同这句话，甚至当我提出以下结论时，他们仍然继续认同：尽管在"大品牌"的账务账项上，一旦货品已交付零售商，就记录为销售，但他们不应该以为自己的任务已完成了，只有当消费者买入之后，任务才算完成，而不是在之前。

第 2 章 打破旧思维

货品已交付零售商了,他们还有什么事情可做呢?为了回答这个问题,我们研究了他们的客户的典型行为。

为了保住买入价,零售商向"大品牌"以非常大的批量进货,订单也以长期预估为基础,难怪零售商买入货品的 1/3 左右是慢销品。

"现在,"我问他们,"你们是否同意,在零售业,你不陈列产品你就卖不出去?"

这几乎是行业的座右铭,所以他们当然同意。然后,我们继续描绘因果关系的联结。当零售商开始认识到他持有相当多慢销品,同时也意识到除非他有所行动,否则这些慢销品就只能在季末以赔本价才能卖出时,他会做出什么自然反应?他给予这些慢销品上佳的陈列位置,比它们应得的好;销售人员给予它们特别的关注,比它们应得的多。在陈列位置及关注程度上,快销品应得的都被牺牲了,销售因此而遭受的损失是多少?我们不知道具体数字,但有一点大家都知道,损失相当大。

我问:"如果'大品牌'向零售商提出为退回产品给予全额退款,会发生什么事情?"

尖刻的评语从四方袭来,我往后退一步。

当会议室安静下来后,我提出另一个问题,用词小心翼翼:"一旦仓库再也没有缺货,'大品牌'能否向零售商就任何合理订单承诺两天的交货期?"

"大品牌"的仓库位于几乎所有零售商两天的车程之内,因

此,没多久他们就得出结论,提供这项服务是可行的,而对运输成本的影响只是很轻微的,如果有的话。

我指出,通过这项服务,并以零售商的总销售额来制定它的买入价,零售商就再也不会受到压力而要持有堆积如山的库存了。现在,假设零售商充分利用"大品牌"这项上佳服务,每天以当天售出的货量订货。在这种情况下,我们同意,零售商需要持有的货量只是供恰当陈列所需的再加上未来两天零售商的最高预估销售量而已,相对于现今的情况,零售商持有的库存少多了。

现在,我可以重新提出那个问题了。"如果'大品牌'向每天订货的零售商提出为退回产品给予全额退款,会发生什么事情?"

经过一番平和的讨论,他们得出结论,退货率不会太高,而且他们有平价市场打发这些退货。现在,他们愿意继续聆听了。

方法:让我们确保,最佳的陈列位置及销售人员的注意力都放在快销品上。以全额退款接受退货,会大大促进零售商的正确行为。只要我们相信,陈列及销售人员的恰当推销是重要的,我们就必然得出结论——销售量将增加。增加多少?众说纷纭。

我没迫使他们定出一个揣测性的数字,我反而说,我们可以拿取更高成绩。现在,我们的解决方案提供了我们以前拿不到的相当重要的资讯——每天哪个 SKU 在哪个零售商卖出多少,"大品牌"应当可以发挥积极的作用了,它应建议零售商把店中的慢销品退回,而纳入其他零售商很好卖的产品。如果这样做,在零售商的货架上,快销品的比例就大增了。销售额会增加多少?没有人知道,但我们的一个共识是,很多,非常多!

以上举措已为将带来最大影响的行动做好充分的准备。

零售商知道,新的产品系列会将顾客吸引至店中。我们的讨论指出,这就是零售商给予"大品牌"很大压力,要求将每年2个新产品系列增加至4个的原因。他们指出,考虑到这样做所需的时间和成本,"大品牌"现在愿意正视这个要求的事实正好证明每个人都认识到这一举措对销售总量会有重大影响。

但"大品牌"必须付出极大的努力来一年生产4个产品系列吗?

"大品牌"每个季度设计、生产和在仓库储存多少个不同版本的产品?他们给我的答案令人惊讶:每个季度接近80 000个不同版本(同一产品的不同大小尺码还不算不同版本,因此,生产和储存的SKU数目会比这个多得多)。我估计了一个很大的数字,但没有想到会这么大。

"为什么那么多个版本?"我问。他们解释这是因为需要说服客户(各零售商)向"大品牌"买货,不同的零售商有不同的品位和对市场的预测,因此"大品牌"必须设计、生产和储存极大量的版本,如果它想成为那么多不同的零售商的主要供应商的话。

"大型零售商持有多少个版本?"

"持有我们的产品吗?不到2 000个版本。"他们回答。

这两个截然不同的数字为得出结论提供了基础,在任何一个零售商那里,消费者看见的只不过是"大品牌"实际提供的产

品的极小部分而已,一旦"大品牌"开始每天向零售商补货并接受零售商退货,确保零售商每个月有一个新的产品系列是有可能的,而且不需要"大品牌"增加现在设计、生产和储存的产品数目。

财务主管为会议做了一个上佳总结,他说:"40亿美元的年销售纯利,这个目标已开始显得有点保守了。"

第 3 章

人们为什么不按常识办事

　　现在是晚上九点，孩子们都睡着了，我重读那份报告，试图想象"大品牌"所处的环境，一家公司每个季度设计、订货、配送、储存和销售惊人的 80 000 个版本的产品，其复杂性实在超出我的想象。

　　父亲声称我已有了所有相关事实来进行分析，他的说法是对的吗？

　　他分析所用的第一个事实是现有的缺货程度，在阅读这份报告之前，我也有相关的体会吗？

　　答案当然是肯定的，因为根据第一手经验，我知道很多时候我喜欢的衣服并没有适合我的尺寸或颜色，我从来没有称这是"短缺"或"卖光"，但如果要我估算一下，我会说有 1/4 或以上的概率我会失望地空手而归。

　　当然，我知道零售店不会在夏天持有冬衣，而去年的设计就像昨天的报纸。

　　有一件事情我就不知道了，我不知道品牌公司付给制造商的钱只是其向零售商收取的服装价钱的 1/5。不过，再深入想一想，我也了解品牌公司的利润空间是很大的，因为我知道，一块布料与一套漂亮的带有名牌标签的礼服在价格上有天壤之别。

　　至于平价市场和季末大清仓，那是我的衣橱塞满衣服的原因。

　　那么，我的确有了所有相关事实，但将这些事实联结起来并揭示惊人的改善潜力的因果关系，又如何呢？父亲说得对，这个因果逻辑只是常识而已，要明白它没有任何困难，而我也不认为

第3章 人们为什么不按常识办事

任何人会有困难。事后看来，一切都是那么显而易见。

我要求一个明确的例子来显示，即使以人为基础的复杂环境也是由简单的常识逻辑来支配的，即使新手也可掌握所有事实，而明白这一逻辑就可带来富有成果的新机会。我要求的明确例子，现在我必须承认，我已经有了，那么，下一步我应该怎么办呢？

他的因果分析只是常识而已，这是事实；我掌握了所有相关实况，这是事实，但我自己一个人将永远不可能得出这样的分析，这也是事实。

他是怎样得出这么漂亮的分析的？是什么给予他能力，令他能够构建一个分析，而且分析有足够的细节，可让人们一看就认为是再明显不过的？简而言之，我比以往更肯定，要做到他为"大品牌"所做到的，需要特殊的脑力。

要达致完美人生，真的需要特殊的脑力吗？大多数人的抱负，包括我在内，都达不到研究如何提高整个行业的绩效表现的那个高度。

但回想一下，当一个人面对一种他确信无法改变的不利情况时，他就觉得出路被挡住了。要在这种情况下获得成功，需要一个突破，规模可能不是我刚读到的那么大，但仍然是突破。当一个人领悟到如何摆脱困境时，因此而引发出来的机会是不是最有意义的机会呢？换言之，当他达致一个他认为的突破时呢？

那么，当一个人懂得摆脱困境，能够找到一定程度的突破时，

有意义的机会就到来了。我愿意假设我是有足够的脑力来进行这类事情的,问题是,也许我只是没有有效地运用脑力。我愿意接受一个可能性,那就是,一个正阻挡着我有效运用我的脑力的障碍就是我也在寻找复杂的解释。但我不能肯定只告诫自己"不要想得太复杂"就可以排除障碍,一定有一些心理关卡在阻挡着我,令我无法清晰思考,像真正的科学家那样思考。

我应该做的事,是坚持要父亲告诉我切实可行的方法去克服那些障碍,但父亲不从心理关卡的角度来思考,而从外在障碍的角度来思考。他可能有切实可行的方法,但即使他有,我如何去快速检查它到底能否移除我的心理关卡呢?

至少,我必须对那些心理关卡有清晰的了解。

我要怎样做才能弄清楚这点呢?

为什么不把自己作为试验品?我再读报告,但这回我尝试看看是什么东西阻挡着我,令我无法靠一己之力找到父亲找到的解决方案、他的突破。

他的第一个步骤是什么?根据我的经验,每个人都有一张很长的、令他大感不满的事物的清单,群体更甚。他首先做清理,只允许重要的东西留在桌面上。他一旦令这些经理们领悟到缺货和过剩库存对年销售纯利的极重要影响,所有其他能够被改善的就排到边远的、次要的位置了。

我喜欢他用来解释为什么经理们从来没有想到他的方案的方式。作为一个心理学家,我深知受问题长期困扰的人(他们已

第 3 章　人们为什么不按常识办事

放弃了解决问题的可能性）会开发出一个自保机制，他们干脆掩饰那些问题。

我也知道，运用自保机制的人往往会降低对人生的期望，简而言之，因为他们对自己隐瞒了真正的问题，他们的精力已转向处理他们人生中次要得多的问题了。因此，尽管他们花的力气不少，现实却没有改善多少，难怪在一段时间后，他们就降低自己的期望了。

有趣的是，我看到事情不仅发生于个人，也发生于群体，即公司。经理们的确在努力改善他们的公司，但不是运用所有资源和脑力来降低短缺和过剩，反而将大部分的改善措施投向他们允许自己看到的——以降低成本为目标的事项。

这些改善措施的确取得了成果，成果的确在积累。不过，父亲不止一次向我指出，一分钱加一分钱加一分钱加一分钱加一分钱加一分钱加一分钱加一分钱，仍然不足一角钱。作为公司的经理，难怪他们降低了期望，他们不再认为，改善运作可使年销售纯利增加 10 倍。

进展不错，我现在知道，第一个阻挡着我的关卡是，我看不见一些长期的大问题，那些每个人都在掩饰的问题。父亲声称，阻挡我们进行清晰思考的障碍，是我们对现实的扭曲认知。我很难想象有何认知上的改变能够移除我的关卡，所以，我要仔细检查他建议的对现实的认知是否真正有帮助。

假设我能够找出主要问题，并远离许多较小问题的噪声，然

后我就能够找到解决方案吗?

显然不是。我继续阅读。

当他令经理们只集中于最重要的现象——短缺和过剩时,核心问题就显而易见了——一切都基于预估,很差劲的预估。

我试着想象自己会如何继续往前走。

也许我会探讨如何改善预估。

我越想我就越确信自己永不会说:"不要靠预估了,让我们重新思考吧!"我永不会问:"如果他们的基本假设是不知道每个SKU未来的需求,那么他们应该怎样运作?"

即使我真的考虑过不依赖预估的运作,我敢肯定,所有不能这样做的理由(那些他们很自然地会提出的理由)将导致我在不超过两分钟就会否决这个"疯狂"的想法。

那就是我的第二个关卡:是什么使他能够毫不费力地朝这个方向走并坚持下去,直至所有障碍都被移除?

是特殊脑力吗?我不这样认为。你不需要一个超级脑袋也能说:"现在我们认识到,有种行事方式很糟糕,我们可以放弃它吗?"但是,当这种行事方式是在底层,即所有事物赖以为基石的层面时,你就需要有勇气;而且,考虑到重重障碍,你也需要有决心。父亲称,如果我不再认为现实是复杂的,我也可以有这个能力。我看不出一个不同的认知如何会带给我所需要的勇气和决心,这是第二件我需要查证的事情。

我很满意我所取得的进展,我继续分析他的报告。

第 3 章　人们为什么不按常识办事

有一件事令我很惊讶,甚至当我首次阅读这份报告时也有此感觉,那就是,即便他找到一个漂亮的解决方案——一个有潜力获取大家认为不可能的 40 亿美元的年销售纯利的方案,他也并没有就此停下来,他继续演示如何延伸它,以取得更高绩效。

然后,他又做到了!

我无法想象我也办得到,也无法想象任何人办得到。我认识的人当中,有多少人在找到一个能够达到不可思议的成果的方案后,会仍然继续探索如何做得更好呢?是什么鼓励他继续探索更多方案呢?这种能力不能被简单地称为勇气或决心,老实说,我找不到一个适当的词来形容它。

父亲对现实的认知必然是真正有效的,如果它能够鼓励一个人实施以上行动的话。

我想,我已经准备好了。父亲,我们的下一回交谈,对你来说,也是颇具挑战性的。

我已经迫不及待了。

第4章

固有簡単性

The Choice

第 4 章　固有简单性

当我进入父亲的书房时,他的眼睛顿时亮了,但可能是由于我拿着一杯热气腾腾的咖啡吧。"谢谢你,亲爱的。"他一边说,一边接过杯子。

"我的孙儿们又有什么好消息带给我吗?"他问。

我首先给他好消息。"亚苗在两小时后到这里来,跟你玩英雄游戏。"然后我就开门见山,说:"那么,我们什么时候开始聊呢?有什么可以帮助一个人清晰思考呢?"

"伊芙拉,你知道答案。"他回答,把注意力集中在他的咖啡上。

"父亲!"

他倚在他的转椅上,转过头来直视我,微笑着说:"今天我们都精力充沛吧?"

当我扮了一个鬼脸之后,他回答我的问题了:"要清晰思考,需要接受固有简单性(Inherent Simplicity)这个概念,不是把它视作一种奇谈怪论,而是一个实用的方法,来观察现实,任何现实。"

我经常听到父亲用"固有简单性"这个词,我也知道在他的思维方法中这是多么核心的概念,但是,说实话,我从来没有完全理解它。

"父亲,"我说,"近 20 年来,我一直在实行你的一些方法。我甚至自我陶醉,以为我已为这方面的知识做出了我的贡献。但是,直到昨天,我还是仅把你的教导视作一堆上佳的方法,而不

是达致完美人生的路径。"

"昨天有何特别?"他问。

"那是你和我第一次谈人生,不是谈方法和如何应用。"我回答。

他沉默了一会儿,然后说:"老实说,我看不出有太大的差别。"

有时候,父亲竟然会如此视而不见,我不跟他争论了,我说:"我想充分了解你的方法,那么,当你向我解释固有简单性的真正含义时,你是否介意我扮演唱反调者的角色呢?"

"你越尖刻,我领悟越多。"他笑着说,"总的来说,固有简单性是所有现代科学的根基,正如牛顿指出的:'自然界是极其简单的,内部极其和谐。'"

"你可以解释一下极其简单是什么意思吗?"我问。

"我们通常视现实为复杂……"

"我同意。"我插嘴道。

他继续说:"举个例子,世界上所有物体的移动,包括碰撞和爆炸,你能想象比这个更复杂的东西吗?"

我想说人类的行为,但我不想再打断他的话。

"这看起来复杂得很,直至牛顿提出他的三大运动定律,牛顿并没有发明他的三大定律,他只是发现它们而已。他揭示了个中的固有简单性,牛顿大概是首批敢于认真地问'为什么'的人之一。我的意思是问为什么,而不是满足于一个其实不是答案的

第 4 章 固有简单性

答案。"

"一个不是答案的答案?"

"牛顿之前的一千五百年,科学家们,像古埃及的托勒密和他的老师及追随者,说行星以圆形轨迹运行,为什么呢?理由是圆形是一个神圣的形状。他们怎么知道圆形是神圣的形状?因为甚至行星也依圆形轨迹运行。

"或者,为什么物体会往下掉?因为它们的自然倾向就是往下掉,这是亚里士多德的解释,近两千年来被人们普遍接受。问为什么并坚持找出一个有意思的答案,就是关键。每个小孩子都有潜力成为牛顿,他们不遗余力地问为什么,当你以'找你的母亲吧'或'上帝就是这样创造万物的'作答时,他们会很不满意。还记得亚苗怎样定义上帝吗?'当母亲们不知道答案时,她们就会用上这个词。'"

"我明白问为什么是何等重要。"我说,"但这如何跟'自然界是极其简单的'的说法扯上关系呢?"

"问得好,让我解释一下牛顿的说法的深邃之处,当我们问为什么某事物会存在(它存在的原因)时,我们通常会得到一个以上的答案,或者一个有多个组成部分的答案,如果我们继续像一个五岁小孩那样就每个组成部分问'为什么这个原因会存在',一层一层挖下去,会发生什么事情?人们的印象是,我们最终会面对及处理越来越多的原因,凭直觉所得的印象是,有系统地问'为什么',只会把问题变得越来越复杂。"

他继续说:"牛顿告诉我们,实情恰恰相反,系统会像漏斗那样将事物融合;当我们向下挖,共同的原因就会浮现。如果我们挖得够深,会发现在底层只剩下极少数元素——问题的根源,它们通过因果关系的层层联结控制着整个系统。有系统地问'为什么'不会导致极高的复杂性,相反,是美妙的简单性。牛顿有直觉和信心来做出一个信念上的飞跃,即融合是会发生的,不仅在他选择做深入研究的自然界那部分,也在自然界的任何部分发生,现实是建立在美妙的简单性上的。"

"等一等。"我说,"牛顿做了一个信念上的飞跃,但你刚才最后一句话,在那之上,又加上了另一个飞跃。"

"你很敏锐地看到,我用'现实'这个词代替了'自然界'这个词。"他似乎很高兴,"我不是只讲自然界,不是只讲物质世界——原子、电子、分子、酶,我说的是现实的每个部分,包括人类和他们所创造的任何东西。同样的融合,同样的美妙的简单性,在现实的任何方面都存在着,现实是建立在美妙的简单性上的。"

我对这个说法存疑,我轻声地说:"我知道,在硬科学上,牛顿的说法被接受为基础理论,科学家致力于寻找事物的根源,甚至不用问'我们肯定这个事物真的存在吗'。但是,在社会科学上就不是这个样子了,你试试替我找来一位同意'现实是简单的'这个说法的心理学家吧。"为了挑战他,我补充道,"难道你不知道人类不是那回事吗?难道你不知道他们有抉择的自由吗?"

他叹了一口气:"我听过太多次了,争论者说人类——跟我们在硬科学上面对的事物不同——是不可预测的,人类不受因果关系的规范。"

我想插嘴,但他以手势表示他想继续说下去。

"这种论据是完全错误的,根据第一手经验,我可以说,我能够准确预测,如果我告诉你妈妈我对她的新车的真正看法,我将会有什么遭遇。人类是不可预测的吗?胡说八道!"然后他以较平和的口吻问:"'告诉我你如何衡量我,我就会告诉你我会如何行事',你接受这个陈述吗?"

我记得我第一次听到这句话是在我开始学习心理学的时候,我因而曾经从每个可能的角度检测它。"你知道我是接受的。"我回答。

他顺势大发议论了:"每个接受这个陈述的人,其实正代表他承认人类是可预测的,承认他们是受因果关系规范的。在这个例子中,衡量就是因,所导致的行为就是果,当然,人类并非可完全预测,但电子也不是,天气也不是,你同意吗?"

当他低头处理他的烟斗时,我说:"你只是冲破了一扇其实早已打开的门而已,如果人类是完全不可预测的,就不会有基础来建立社会甚至家庭了;此外,如果人类是完全不可预测的,那么我的专业也不存在了。"

"那么,物质世界与以人类为基础的世界的区别在哪里?"他问,"为什么要接受固有简单性存在于现实的每个部分是这么困难?"

"因为人类复杂得多。"我坚持,"要人们接受固有简单性存在于明显复杂的东西中,是很难的。"

"伊芙拉,"他问道:"你和昨天跟我谈话的是同一个人吗?昨天,你一再强调一群人远比个人复杂,而最复杂的例子就是组织,我给你看的报告难道还没有清楚地显示,令人尴尬的简单的根源正支配着一个复杂的组织吗?"他开玩笑地补充说,"也许该组织对你来说还不够复杂?"

"一针见血。"我说,我意识到他是多么正确。一家处理数量惊人的 80 000 个不同版本产品的公司,对我来说,是超乎想象的复杂。但是,通过他的因果分析,通过简单的常识逻辑,他深挖至问题的根源,情况就变得清晰了,清晰到我必须扪心自问:为什么从来没有人——无论是该公司还是任何其他服装公司的主管——意识到该方案?

我仍然觉得有点不妥。"一方面,我确信'大品牌'例子中的现实是很简单的,不过,我聆听你,跟随你的逻辑,我甚至可以接受你的任何说法,但事实仍然是,人类是十分复杂的。'大品牌'是一家极为复杂的公司,明显复杂的东西怎么可能是简单的呢?我摸不着头脑。"

他开始清空他的烟斗,然后从一个小铁盒中取出烟草填满,我耐心地等待,当缕缕轻烟从他的嘴里冒出时,他开始说话了:"假设你看见两个人在争论一根黄瓜到底是更长还是更绿。一个人说,它更长,因为绿只在外面,而里和外却都是长的;另一个

第4章 固有简单性

人说,它更绿,因为从长度和宽度看,它都是绿色的。你认为,两个人中谁对谁错?"

"父亲!"我不耐烦地说。

他冷静地继续说:"这两人之间的分歧是没有任何意义的,因为'长'和'绿'根本是两回事。你感到困惑,也许是由于你也犯了同样的错误。"

"我不是。"我坚定地说,"一根黄瓜可以既绿又长,但一个系统不可能既复杂同时又简单,简单性和复杂性是对立的。"

"这取决于你对复杂性的定义。"他说,然后他取出一张纸,画出两个图(见图1),"这里有两个系统,左边的,我们称为系统A吧,有4个圆圈,而右边那个把箭头和圆圈绞在一起的噩梦是系统B。这两个系统哪个比较复杂?"

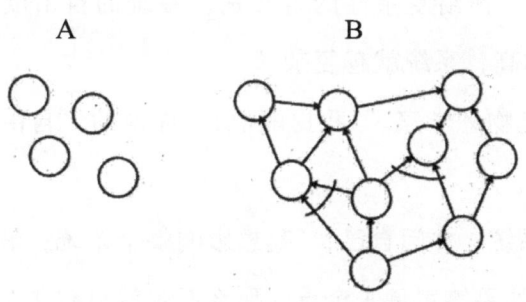

图1 系统A和系统B

我的第一个倾向是想说系统B要复杂得多,但稍作深思后,我不是那么肯定了,为保险起见,我保持沉默。

父亲并不介意我没有反应。"答案取决于你对复杂性的定

义。"他开始解释,"复杂性最通常的定义是,你需要提供的用来充分描述一个系统的资料数据越多,系统就越复杂。"

"这是一个很好的定义。"我同意,"如果只需要5个句子来描述一个系统,它就是很简单的,但当你需要数百页时,系统就复杂得多。"

"根据这一定义,"他继续说,"毫无疑问,系统B复杂得多,它有较多圆圈,还有许多箭头。正如你可能知道的,描述一个因果关系箭头需要的资料比描述一个实体(一个圆圈)多很多。"

"对,"我说,然后微笑着想补充,"但是……"

他笑着回应我,继续说:"但是,复杂性还有另一个定义,如果你是一个科学家或经理,你对系统的描述兴趣不大,你比较感兴趣的是操控及预测它的行为会有多困难,尤其是当你想引入一些改变时。你给复杂性的定义是,系统的自由度(degree of freedom)越高,系统就越复杂。"

"我不是物理学家。"我提醒他,"你说的'自由度'是什么意思?"

"看看系统,并问自己:'我想影响整个系统,最少要触动多少个点?'如果答案是1个点,那么系统就只有1个自由度,系统B就是这样,你影响底层的圆圈,通过因果关系箭头,所有圆圈都影响到了。如果答案是4个点,像系统A那样,那么,系统有4个自由度。顺带一提,有4个自由度的系统要比只有1个自由度的系统复杂很多很多倍——更难操控及预测。现在,伊芙拉,

第 4 章　固有简单性

你的答案是什么？哪个系统较复杂，A还是B？"

"答案取决于对复杂性的定义。"我慢慢地说，我仍在努力消化，"因此，根据第一个定义，'大品牌'是极其复杂的，但是，当我们成功地建立了因果关系，我们发现在底层只有一个实体——只有一个根源，我们就认识到，它是非常简单的。是的，因此有了这样的认识，我们现在知道它将如何对改变做出反应，包括令公司利润获得破纪录提升的改变。"

然后，我补充说："我需要一点时间来适应这一事实，即人类和组织可以非常复杂，但仍然可以极其简单，复杂性和简单性可以并存，有一点是很清楚的，这个固有简单性概念的威力比我想象中的强大得多。"

"我们还没有说完。"他笑道，"到目前为止，我们只讨论了一个阻挡人们有效运用脑力的障碍——认为现实是复杂的，固有简单性概念帮助我们移除不止一个障碍，连第二个障碍也移除了。"

"第二个障碍是什么？"

他望着我，沉思了一会儿，然后说："伊芙拉，如果你不介意，我认为我继续解释牛顿的说法——解释固有简单性的另一面——会比较好一点，这将令你找到第二个障碍并明白移除它会如何协助你走向完美人生。"

"我洗耳恭听。"

"遗憾的是,"他说,"这要花点儿时间,亲爱的,还有一件更重要的事情我现在就要做。"他转向他的计算机,开启英雄游戏,他的孙儿快回来了。

第 5 章

矛盾和冲突

The Choice

在他们玩英雄游戏时,我试图弄清楚我对他所说的固有简单性的深层次理解。

他谈到的都是实际存在的事物,不是表层的,而是表层之下的,他谈到如果我们刮开表层就会见到的东西。

如果我们把一个状况分拆成为越来越精细的组成部分,如果我们让自己沉浸在大量形容这些组成部分及它们之间的关系的细节中,那么,我们最终对状况的复杂性的感觉会越来越强烈。

当我们察看任何两个关系密切的人之间的关系时,情形也是这样。只需要听听他们如何描述他们的关系的历史:母亲和她十几岁的女儿、一对朋友、一对工作上的竞争对手,更不用提一对夫妇了,很快你就会厌倦听那大量细节和各个故事之间的不一致。

当以一个人为主体时,那就更明显、更复杂了,原因是,每个人都跟很多其他人有关系,当然,当我们查看一个组织,一个由许多不同的人组成的实体时,复杂性就更不容置疑了。

现在的说法是,在所有这些情况中都存在着固有简单性,当源于极少数元素的所有这些组成部分及所有这些细节都用简单的因果关系联结起来后,简单性就浮现出来了,这是牛顿对自然界的信念,这是父亲对现实的信念。

他并没有否定现实是非常复杂的,相反,他完全承认这是事实。但他所说的是,有办法从另一个更重要的角度去体会出它其实极其简单。

我接受这点吗?

第5章 矛盾和冲突

只要这点还停留在一个哲学思辨阶段，我真的不在乎，但是，如果父亲真的能令我相信它可帮助我像一个真正的科学家那样思考，那就是另一回事了。我想拥有完美人生，我知道，清晰思考有助于实现这个目标，我必须弄清楚的是，相信固有简单性到底能否帮助我移除阻挡我进行清晰思考的关卡。昨天晚上，我发现了三个这样的关卡，但首先我必须充分了解这个奇特的固有简单性概念的另一面，我焦急地等待他们玩完那个愚蠢的计算机游戏。

一旦母亲迫使亚苗去吃饭，父亲就可以把注意力投放到我这边来了。

他坐在椅子上，把身体向后仰，重拾我们刚才的话题："到目前为止，我们谈过牛顿的说法的前半部分，后半部分说，自然界内部是极其和谐的，这点并非较次要的内容。"

"内部和谐。"我重复一遍，"我要怎样理解这句话？"

"一个可能的解释是，矛盾（contradiction）并不存在。"他解释。

"这句话有何重要性呢？"我问，"自然界中不存在矛盾，难道这还不够明显吗？"

"好吧，我聪明的女儿，我想把牛顿的话改写为：现实中没有冲突（conflict）。你现在能接受吗？请记住，人类是现实的一部分。"

他刚给了我问题的钥匙，我得意扬扬地说："这就是物质世

界和以人类为基础的世界之间、硬科学和软科学之间的区别,在物质世界中不存在矛盾,但人类是有冲突的,不仅在人与人之间,每个人都为内心的冲突而挣扎。"

"还有另一个角度看这件事。"他说。

够了够了。"父亲,我可以向你保证,你没有任何方法可以说服我说人类没有冲突。"

他把注意力投向他的烟斗。

过了一会儿,他又重新开始:"让我退后一步,也许我们应该讨论一下矛盾和冲突这两个词的异同。"

由于我不知道他想朝什么方向走,我保持沉默。

"让我们举一个例子,看看人们对物质世界没有矛盾这个看法有多坚信。假设我们有两种不同的技术来度量一栋建筑物的高度,而当我们用它们来度量某建筑物时,我们得出两个完全不同的高度。面对这样一个明显的矛盾,没有人会说'让我们妥协,让我们同意以两者的平均数作为该建筑物的高度'。

"我们要说的是,在事情的某处,我们做出了错误的假设。我们会先查看一下,是否在两次度量之间建筑物的楼层增加了。如果并非如此,我们将看看我们的假设——认为每次度量都进行得很妥善——是否成立。如果是的话,我们将看看关乎度量技巧本身是否有错误的假设,看看是否两种技术之一有缺陷;在极端情况下,我们甚至会怀疑我们对高度的理解,但我们一直专注于寻找错误的假设,从不考虑妥协的可能性,这就显示出,我们对

第 5 章 矛盾和冲突

自然界不存在矛盾这个信念有多坚定。"

这并没有令我完全信服。"同一栋建筑物不可能有两个不同的高度,这是显而易见的,但是,一个人可以有两个相互冲突的念头。"

"相信我,我知道,"他说,"我知道人类可能有冲突,但是,物质世界也是这样的,它充满冲突,现实中不存在矛盾,却充满冲突。"

"你可否解释一下矛盾和冲突的区别?"

"冲突就是当我们刻意制造一个矛盾时出现的局面。"他发现这个定义帮助不大,赶紧解释,"举个例子,飞机的翼,一方面,我们需要机翼够强,为确保强度,我们应该用粗大的支撑梁;但另一方面,我们需要机翼轻,为了确保轻,我们应该用细小的支撑梁。好一个典型的冲突,像其他任何冲突,包括人与人之间的冲突,在好的情况下这将导致一些可以接受的妥协,而在坏的情况下会冲向一道石墙。"

"事实上,"我说,"在许多情况下,冲突会导致很差劲的妥协。妥协很差劲,是因为该冲突是很多不良效应(undesirable effect)的根源,现在想起来,我甚至连一个不是由冲突引发的不良效应的例子也列举不出来。"

"没有争论。"他对此表示赞同,"我的建议是,我们要像科学家对待矛盾那样对待冲突。"

在过去 10 年,我在运用他的冲突移除方法上积累了很多经

验,其中大部分是成功的,因此我接着说:"换言之,当我们面对冲突,尤其是当我们不能轻易地找到一个可以接受的妥协时,就做当我们遇上矛盾时会做的事——坚持认为事物的其中一个深层假设是错的。如果,或者我应该说当我们找出深层假设而能够移除它时,我们就移除了冲突的原因,我们以消除冲突来解决冲突。"

"正确。"他说,"那么,你现在可以清楚地说出,阻挡着人们正确地运用他们的脑力的第二个障碍是什么了?"

我慢慢地说:"我需要片刻来组织我的想法。"

昨天,我得出的结论是,有意义的机会会开放给看到如何移除障碍的人——知道怎样摆脱困境。很多时候,障碍的出现是由于冲突没有一个可以接受的妥协,从以往的经验中我知道,只要我们认为处理冲突的唯一方法是妥协,我们将永远不会想及深层的假设,以及如何移除起码其中之一,我们将永远不会找到方法来消除冲突,我们将永远找不到突破,我们将永远无法展现隐藏着的巨大机会,我们只能降低我们的期望。

我信心十足地说:"第二个障碍是人们的一个认知,认为冲突是无可避免的,处理冲突的最佳方法是寻求妥协。"

父亲面带苦涩地说:"在学术界,我们正鼓励这一毁灭性的错误,在漂亮的'优化'标题下,我们付出相当大的努力来教导学生如何浪费时间去寻找'最佳'妥协,而不是如何移除冲突,真是浪费人才。"

第 5 章　矛盾和冲突

"你能不能就固有简单性为我做一个总结？"我问，令他不将话题转向教育问题。

"固有简单性，我的意思是，现实及现实的任何部分，是由极少数元素支配的，而任何现存冲突都是可以消除的。"然后他补充说，"如果我们把这看成必然，在任何情况下都是绝对正确的，那么，我们会发现自己的思考更清晰了。"他转过身来，重新填满他的烟斗。

我还没有完："让我们测试一下这个论点，你能否向我解释，你对固有简单性的信念如何在'大品牌'的例子中提供了助力呢？"

"现在讨论太晚了一点吧？"

"是的，明天见。"我上楼去找孩子们。

第 6 章

将信念付诸行动

第 6 章　将信念付诸行动

我将孩子们送到他们的学校,然后直奔父母家。当我到达时,父亲还在睡梦中,我蹑手蹑脚地进入他的卧室,他发出声音。我对他耳语:"让我们将你对固有简单性的信念付诸测试。"

"伊芙拉,"他呻吟着,"你像你的母亲那样凶恶。"但不到 10 分钟,他就进入他的书房。"我的咖啡在哪呀?"他咆哮。

我递给他,然后将他的烟斗递给他,等待他点燃。

当我看见他似乎很舒服了,我就开始了:"我看过'大品牌'的报告,我确信,我自己永远不可能得出这么好的分析和解决方案。因此,要么你承认我没有足够的脑力,要么你展示给我看,固有简单性这个信念可以怎样帮助我像一位真正的科学家那样思考,行吗?"

"嗯……"这是他唯一的回应。

我不放弃:"例如,我想了解你对固有简单性的信念如何帮助你把注意力集中在其他人正在掩饰的问题——'卖光'及'季末大清仓'上。"

"伊芙拉。"他说,"我并没有为'大品牌'做全面分析,太花时间了。我试图找一个方法大大改善其绩效,我只研究这家公司的一小部分,由于这是一家很好的公司,大多数业务都运作良好,我只查看运作不佳的部分,我集中于不良效应。"

"这很重要。"我用心记住这点,"而……"

他继续说:"由于我对固有简单性的信念,我理所当然地认为整个部门所有运作不佳的业务都是由极少数元素引发的。事实

上,根据我的经验,我认为只有一个元素——一个根源。此外,由于我处理的是不良效应,我理所当然地认为问题的根源是一个无法找到可接受的妥协的冲突,我理所当然地认为不良效应是一项不尽如人意的妥协之下的产物。"

我自言自语:"人们往往倾向于掩饰长期存在的问题,那些他们已放弃了解决的可能性的问题。你对固有简单性的信念令你理所当然地认为这些问题是可以解决的,因为它们是冲突的根源导致的,而冲突是可以解决的。这就是为什么你不倾向于掩饰问题,我明白了。"

"此外,"我继续,"那些较小的问题都是能够跟该项妥协脱钩的,这就是为什么当冲突仍然存在时,它们仍可获得处理。因此,从一个小问题入手,不能保证它会引导你找到根源冲突,但你的目标是直指根源冲突,所以你不仅不掩饰那些长期存在的问题,你反而急切地寻找它们。"

"不管你怎样说,亲爱的。"他叹息,"当我试图改善一个情况时,我根本看不出在我能够解决大问题时浪费时间在一些小问题上有何意义,我付出的努力基本上相同,但我的回报多很多。"

跟他的解释相比,我比较喜欢我的解释,它解释了固有简单性如何协助我移除第一个心理关卡——掩饰一些重大问题的倾向。追寻大胆的解决方案的勇气及决心又如何呢?例如,那个废除以预估作为运作基础的方案。

一切都变得那么明显了,我相信,如果我向他指出他需要勇

第 6 章　将信念付诸行动

气和决心,他会当面取笑我,对固有简单性的信念就是他唯一需要的。固有简单性的部分信念是,任何冲突,包括根源冲突,是可以通过移除其中一个深层的错误假设而消除的。他做的就是这个,甚至在他知道具体的冲突和具体的深层假设之前,这已经是他打算要做的事情了。

因此,他首先找出根源冲突——多订货以避免缺货与少订货以避免过剩。然后,他找出深层的假设——要订正确的货量,唯一的方法是预先知道需求是多少,换言之,预估需求。然后,他的自然反应就是试图取代该深层假设。他问:"如果他们的起始假设是他们不知道每种货品未来的需求,他们应如何运作?"这也难怪他尽管遇到重重障碍却仍然坚持,因为他对固有简单性的信念保证了他所走的路不会错,威力真强大。

其实,这就是我对待我的客户的方法,他们来找我,不是因为一切都很美好及稳妥,而是因为他们遇到难题,他们有不良效应。自从我开始运用父亲的技巧之后,我也会当场假设他们抱怨的不良效应源于一个冲突——一个组群之间的冲突(如果讲的是人与人之间的关系)或内心冲突(如果讲的是个人)。我恰当地表达出核心冲突,揭示出相关的深层假设,并尝试引导他们认识到是有办法取代那些假设的。

也许个人和组织的唯一区别是,在组织中,深层假设并不被认为是假设,而是生活的事实(fact of life),因此更加难确定和挑战它。或者,也许唯一的区别在于我的脑袋,我感觉面对个人

会比较舒服,而面对组织就比较吃力。

我看看手表,很快我就要去接孩子们了,但我仍然必须弄清楚第三个心理关卡,当父亲构建了一个上佳的解决方案后,为什么他不停下来呢?

"你为什么继续寻求更好的方案呢?"我一边问,一边站起来。

"我其实没有这样做。"他招认,"但我确实改变了一个深层的假设,所以我不得不看看它所产生的影响,令我对现实的新理解更完整。两个附加方案出现只是副作用而已,是意料中的副作用。现实是建立在美妙的简单性上的,我喜欢看到美妙的事物。"

我拥抱了他。

当我们一同步行走向车子时,我向他表示感谢:"我想,我终于明白你所指的固有简单性是什么意思了。"

"还不算,亲爱的,还有一个重要角度尚未探讨呢。"

第7章

和 谐

The Choice

两小时后,我又回到父亲的书房,但他看起来并不惊讶。"我遗漏了什么?"我问。

他清楚地知道我要的是什么,他毫不犹豫地回答:"牛顿说'自然界是极其简单的,内部极其和谐',我认为,将'内部极其和谐'解释为'不存在矛盾',就抓不到自然界和谐之美,每个曾为提高我们对自然界的了解做出有意义贡献的科学家,都以敬畏之心评价这种和谐。"

我是一个务实的人,对父亲的思维方法,我最喜欢的是一切都有明确的解释。首先,基本假设都被明确列出,然后用紧密的逻辑导出相关的技巧,最后以一列指令做总结,指令不多,都很容易遵行。听他谈难以捉摸的恶作剧,如对和谐的敬畏,令我感到有点儿不自在。

"这次跑回来,就是听这些?"我无法掩饰我的失望。

他试图解释:"你看,这是多么惊人啊!很多时候,看似毫无关联的东西连起来就会成为更大的景象,横空而出的相似性和对称性如此频繁地出现,以致科学家们开始期待并利用它。和谐无处不在。"

当他发觉我还是吃不消时,他自言自语:"我怎样才能令你感受到这种感觉?"

"这很重要吗?"我叹息,"我是指,它能帮助我更清晰地思考吗?"

"好吧,让我们一步一步地来吧。我们已经谈过清晰思考的头两个障碍——认为现实是复杂的；认为冲突是必然的。如果我告诉你，深入了解现实是多么和谐会对克服阻挡清晰思考的第三个障碍有很大帮助，你会怎样看呢？还有，亲爱的，不要欺骗自己了，这个障碍也正困扰着你。"

"这很有趣，第三个障碍是什么呢？"我问。

"在我回答之前，我要问你一件事。"

"请直说。"

"让我猜测一下吧，你像任何其他人一样，有着远非和谐的人与人之间的关系。你能否告诉我，你认为不和谐的原因在哪？"

在回答之前，我的脑海中匆匆闪过几个有这样关系的人。"这是因为跟我交往的人过于自私，他们主要是在寻找自己的利益，不理他们的要求会如何影响我。"

由于他没有追问，我说："现在你能否告诉我，第三个障碍是什么？"

"第三个障碍是，我们倾向于责备对方。"然后他微笑着补充，"正像你刚才那样。"

我无法阻止自己反驳："我不是在责备，我只是陈述事实。"然后，我问："责备如何成为一个障碍？"

"责备他人，不是解决问题的方法……"

我插嘴："但它可指明解决问题的方向。"

"这正是问题所在。"他说，"在许多情况下，责备会引领我们走向错误的方向，一个我们将无法找到好的解决方案的方向，

即使该人被移除了,在大多数情况下,问题还会遗留下来。"

我在脑海中检查了几种这样的情况,印证他的说法。他可能是对的。

"此外,"他继续说,"责备他人是火上浇油,是破坏和谐关系的'万应良方'。"

"我同意这点。"我微笑。

"伊芙拉,清晰思考还意味着寻找最有效的途径奔向你的目标。在这个意义上,知道怎样保持人际关系的和谐,对希望达致完美人生的人来说是非常重要的。当你追寻有潜力的机会时,你很可能需要其他人的密切合作,如果人际关系不和谐,你就不能期望得到密切的合作,而将重要机会化为成果的可能性就大大降低了。"

"如果错的是对方,又如何?"我问,然后补充说,"我必须谨慎挑选和我一起工作的人……但这并非总是可以办到的。好,继续。但现在我需要知道,你不建议责备,那你建议什么?"

"这令我们回到'现实是和谐的'这个信念的重要性上了,让我们首先查一查,和谐的定义是什么,好吗?"他建议。

他站起来寻找字典,而我在他的座位上坐下来,在互联网上搜索。

在牛津词典中,在没有父亲同意的情况下,我跳过那些关于音乐的定义,最后找到的定义是:"达致一个愉快和连贯的整体的境界"及"同意或一致"。在韦氏字典中的定义则是:"意见及行动的相容性"及"意见的一致"。

这些定义，跟我对和谐的理解相吻合。

"和谐的概念怎样可以帮助我停止责备他人呢？"我问，同时自我思量，"如果错的是他们，为什么我不应该责备他们呢？"

"我可否要回我的椅子？"他说，然后慢慢填满他的烟斗，他用了三根火柴，才能确保烟被完全点燃。最后，他回到我的问题上："当你确信其实没有理由责备他人时，你就能够避免责备他们了。在你得出结论认为我讲的是一个乌托邦世界之前，让我强调，固有简单性的信念也意味着一个深刻的判断，即和谐存在于任何人际关系中。"他笑着，等待我的反应。

正如他所料，我无法压抑我的惊讶："和谐存在于任何人际关系中？你说的是真的吗？"

他的笑脸拉得更阔了："注意，女儿，我并没有说每种关系都是和谐的，我深知和谐的关系是罕见的，太罕见了。"

"和谐存在于任何人际关系中，但大多数关系并不和谐？"我完全被混淆了。

"我声称的是，虽然和谐确实存在于任何人际关系中，但遗憾的是，在大多数情况下，我们懒得去寻找及实行它。"

看见我仍然摸不着头脑，他建议："也许举一个例子会有帮助。为了让我表达我的意思，为何不给我一个例子？你确信例子当中的关系并不和谐，并可能继续恶化，然后我会向你证明，其实在表面现象之下，孕育和谐关系所需的一切都已齐备了。但为

了确保例子是有用的,请给我一个概括性的例子,而不是某个错综复杂的故事。"

给他一个具体例子,我一点困难都没有,在脑海中首先出现的是我的一位朋友,她即将极其怨愤地离婚。但父亲是对的,描述这件事我不得不进入细节,而他就会利用每个细节来证明一个不同的行为可导致较好的关系,这样的讨论是徒劳的,找一个和谐关系明显不存在的概括性例子才是上策。他企图证明将关系变得和谐所需的一切都已齐备,看着他在这个不可能的任务中挣扎及受挫,会是一大乐事。

"给我一分钟。"我说。

我试图想象一个假设性的场面,双方有着密切的关系——一位母亲和一个十几岁的女儿、一对夫妇、一位经理和他的对手。当然,我可以为每类都找到恶劣关系的例子,甚至极恶劣的关系。但整体而言,在大多数例子中,关系其实是不太坏的。尽管时有纠纷,但几乎所有母亲和女儿都是很爱护对方的;大多数已婚夫妇一同生活,并不是因为离婚很难,而是因为他们希望能够继续在一起;一起工作的同事之间是存在着友谊的。我必须从另一个角度看这些关系才行。

不和谐的关系会有什么特征?当友谊及忠诚并不存在,只有抱怨和投诉,当双方之间存在着严重不对称,当一方几乎完全依赖另一方,而另一方却有大量同级的合作伙伴,我肯定会称这些为不和谐的关系。

第 7 章 和 谐

问题是,强势的一方往往假装关系是良好的,他们的某些行为令对方憎恶,而他们却选择视而不见。

在什么场景下几乎不可能隐瞒关系已远非和谐这个事实?

我知道,这是当一方出于自利而要求对方做出重大改变时。

这样的要求可能在什么时候出现?

假设一方正在做一个分析,聚焦于增加己方利益所需的改变,如果分析很透彻而所产生的利益巨大,很自然地,所需的变化是运作模式的根本性改变,也很自然地,要达致那些利益,另一方也需要进行某些改变来配合才行。当进行分析的一方要求对方进行改变时,会有点儿不自在。因为根据我的经验,我知道当要求对方所做的改变是根本性的时,我预料对方会反对;如果双方的关系根本不好,我预料对方的第一反应会是负面的,甚至是非常难堪的。

我有一个很好的概括性的例子,可以像手套那样完美地吻合这一场景,那就是大多数大型公司和它们的小型的、普通的供应商之间的关系。我知道有一个场景父亲一定会同意不可能从中孕育出和谐来,这就是当双方关系的真正本质显现时,也就是当大型公司向小供应商提出一个又一个要求时。

"父亲,"我轻柔地说,"你可否告诉我,当你向'大品牌'展现方案时,经理们表达了什么关注点?"

他想了一会儿,然后回答:"很奇怪,他们最担心的是,要说服他们的承包商合作是多么困难和费时,要靠高压,导致更多

的恶感,才能令承包商改变他们的运作模式。"

这正是我需要的,我再次轻柔地说:"父亲,这就是我想要的例子,显示给我看,在这个例子中,品牌公司和承包商之间有怎么样的和谐存在。"

他打量了我一下:"你是个难缠的家伙。"

我只是微笑。

他吐出另一股浓烟:"你预料承包商会抗拒请求,实际上是要求,即要求它们由老早发来大订单的传统模式转为小批量订单做快速反应的狂乱模式,预期会出现抗拒,这是很自然的了。"

"自然?"我不接受这样的轻描淡写,"从承包商的角度看看吧,假设你是小承包商的经理,面对品牌公司这样一个自私的要求,难道你不感到沮丧及痛苦吗?难道你会不责备品牌公司这个自私的恶棍吗?"

他转向他的计算机,说:"我将发给你一份报告,正是你要求的,它讲的同样是这件事,但是从承包商的角度,亲爱的,准备迎接一个大惊讶吧。"

第 8 章

永远不要说"我懂了"

以下是父亲发给我的报告①。

当我(高德拉特博士)衡量我们的概括性方案对一个特定的环境是否适用时,有一个规则是我经常遵循的——检查及交叉检查我们建议的方案所依据的主要数据背后的假设是否适用于该特定环境。最近,我需要面对一个情况,那就是,我明显地偏离了这一规则。当然,后果是令人尴尬的,但这不是我现在强迫自己坐下来写这份报告的原因,我不是一个受虐狂。我写的最主要原因是,重新分析再一次显示,更深入地了解是多么无止境,我们已开始了没有终点的旅程,有的只是途中令人兴奋及获益良多的垫脚石。

这个例子令我"雀跃",也许是由于这是一家生产运动服装的公司,如果有一个产业让我可以自夸什么都懂,那就是制造业。然而,重新分析为我们的知识库产生了不是一项而是三项新增知识。这些新增知识的重要性,可以从其后几个星期我在其他两家消费品制造商有效利用它们中看出来。

以下是相关细节,公司85%的收入来自作为大品牌公司的承包商的业务。

通常,承包商有一个或两个具支配性的客户,一个具支配性的客户有能力从承包商那里"榨取"低廉的价格,由于原材料通常占收入的大部分,低廉的价格就转化为低毛利。但是,这家公

---

① 这是一份于2006年5月发给高德拉特机构传阅的报告,为了方便不熟悉TOC制约法的读者阅读,报告内容曾稍作修改。

第 8 章 永远不要说"我懂了"

司拥有超过 10 家品牌公司作为客户，当中没有一家在它的销售额中占据支配性的地位。因此，当我被告知这家公司的材料成本只占收入的一半时，我并不太诧异。

其余的 15%的销售额来自公司自己的产品系列——自己的品牌，通过自己的 10 家零售店和几家特许专营店销售，全都位于公司细小的"国度"内。

好一个典型的教科书范例。在第一次会议上，我查证了生产所需时间是两个月（在服装业这是常见的）。是的，公司为整个季度生产一个大批量，在季度开始之前运送到它的品牌公司。

这家公司位于欧洲，因此，相对于其在远东的竞争对手，该公司有一个巨大的但尚未利用的优势——由其中央仓库至所有客户的运输时间只需几天，这一接近市场的优势被浪费了，原因是，长的生产时间令其跟客户的距离变成两个月之久。但生产运动服装是不需要真正的转换（setup）的，因此应该很容易将生产所需时间缩短至一个星期之内。大约 25 年前，我发表了相关的见解，至今已有数以百计这样的工厂实施了。

为了争取真正的竞争优势，品牌公司渴望降低库存，它们喜欢承包商为它们储存库存，正如它们喜欢进一步降低支付给承包商的价格那样。而由于承包商跟市场很接近，再加上大幅缩短的生产所需时间，令它们以较少的成本成长就能够提供这项服务。

承包商一旦提供了这项服务，就能够获取更多订单，订单量只受制于它们的订单处理能力的上限，而它们可以比今天生产更

多,原因是,缩短生产所需时间的一个副作用是暴露出不少过剩的产能,足以支持几乎双倍的销售额,而不用增加人手。

为了支持现今销售额的双倍供应量,承包商必须增加产能,这不是问题,缝纫工并不短缺,机器只是缝纫机而已,而原材料低至仅占售价的一半,将它们的利润变为等同于它们今天的销售额,只需要增加直接劳工开支约50%而已。

请把下一个例子呈上来吧。

对管理层进行初步广泛查核时,发现一个关键数据是错的——原材料不是销售额的50%,而是75%,即使那些大品牌公司还不是具支配性的客户,它们仍有能力向急于快速增长的承包商榨取低价格,毛利那么低,整个局面改观了,要公司盈利出色,光靠增加销售量是不够的,还必须大大提高利润。总之,别提那个只为品牌公司储存库存的主意了。

应该回答两个不同的问题。第一,为了避免再次碰到这样的尴尬,我们需要知道,为什么这么基本的数据竟然会错?第二,为了让供货给品牌公司的承包商有一个发展愿景,我们也应该尝试回答一个更有趣的问题:是否有可行的办法来提高承包商的利润?

关于第一个问题,不用多久,错误的源头就显露出来了,50%这个数字来自财务报表,它代表两个销售渠道的平均数,尽管通过公司自己的零售店渠道进行的直接销售比重不高(只占15%),但它对原材料所占平均百分比有重大影响。简而言之,在直接销

第8章 永远不要说"我懂了"

售渠道，原材料所占百分比远低于售价的 50%（直接销售渠道的利润来自它自己的品牌的庞大涨价额（markup），另加它自己的零售店的相当高的涨价额）。

我们现在明白了错误的来源，但它不能帮助我们回答更有趣的问题：我们可以做点什么来提高利润？

在脑海中出现的第一个反应是，就快速反应要求较高价格，尤其当现今的生产所需时间是两个月那么长，以及将生产所需时间缩短至一个星期或以下是那么容易。嗯，在现实环境中，有一项限制令使这个想法难以实行：布料的漂染要以大批量进行。因此，供应商不愿意以小批量漂染；此外，这些供应商也不愿意保证随后的批次会是相同的颜色。

了解到由按预估生产转至为实际消费量生产会带给品牌公司惊人的效益，我首先聚焦于寻找一个方法来解决布料需要以大批量漂染的问题。

假设所有服装都只用一种染色布料生产，如果公司以大批量买这批布料，却根据实际消费量以小批量生产——将布料转化为服装，将会发生什么事情？的确，就像今天这样，原材料的投资仍远远早于消费，但实际收益最终仍然会出现，服装将几乎没有短缺或过剩。

由于所有服装都不只用一种染色布料，同一颜色的布料怎样用于不同的服装上，就决定了新运作模式在降低短缺及过剩上的有效程度。

　　我们都知道，在一定程度上，同一颜色的布料的确用于不同的服装，同一款式的不同尺码用的正是同一染色布料。遗憾的是，这无济于事。在时装行业，预估的准确性尤其糟糕，因为产品在市场上的寿命太短了，在一个季度收取的消费数据，不能用于预估下一季度的消费量，因为到时产品已大不相同了。但预估不同尺码之间的相对消费量——大码和小码之间的消费量比例，就不是这个样子了，这个比例几乎多年保持不变。

　　因此，一切都取决于同一染色布料用于不同款式服装的程度，为此，我查询了该公司每年出的服装款式的数目（35 000 种），再与该公司每年用的不同染色布料的数目（4 700 种）做比较，比例是 1∶7，这是否足够？

　　我们知道，一般来说，大约 30% 的 SKU 受缺货之害——在季末大倾销开始之前，它们已卖光了，它们都是快销品；另外 30% 受过剩之害——它们主要靠在季末平价市场上推出去，它们是慢销品。这就意味着，在 7 款服装中，有很大机会（九成以上机会）起码有一款是快销品，同时起码有另一款是慢销品。那么，即使我们开始时用的仍然是染色布料的一个预估订量，但在大多数情况下，我们在它的分流上可以做的动作（从实际的慢销品转至实际的快销品）仍然会有帮助。但是，这个帮助究竟有多大？

　　要回答这个问题，我们必须认识到，短缺所造成的损害是非直线的。假设一个季度是四个月，某 SKU 一个月就卖光了，相对于已取得的销售额，缺货造成的损失是多少？你不需要是一位

第8章 永远不要说"我懂了"

训练有素的数学家才懂得如何回答这个问题,销售损失高于实际销售额的3倍。如果一个SKU 3个月卖光,又如何?销售损失只是实际销售额的1/3(还可能低一点,如果考虑到季末售价较低的话)。这就意味着,即使我们以染色布料的有限可得性运作,我们仍然可以得到大部分的效果(以销售增长的百分比计),因为大部分因缺货而造成的销售损失是可以避免的。同样的道理也可用于降低库存过剩的恶劣效应上,尤其是当我们考虑到慢销品越迟卖出售价就越低这一概念时。

我们如何尽量利用这一概念呢?我们怎样才能把它变成呈献给品牌公司的"黑手党提案"(一个它们不能拒绝的提案)呢?目前,品牌公司订整个季度的货,要求在季度开始之前交货,它们一收到货,就立即把约40%推至零售商,以新产品系列填满供应渠道。让我们先不要试图改变这些品牌公司,让我们给它们一个提案,不需要它们做任何真正的改变,而提案的优点是它们能够清晰地看到。

你对以下提案有什么看法?继续按现行做法,承包商获得每个SKU的订单,订单仍然根据预估而发,在季度开始之前够早的时间就发来了。根据这些订单,承包商买入染色布料需求的总量,就像现在那样。但是,承包商只裁剪、缝纫及运送预估数量的一半(填满零售渠道所需的货量,再加品牌公司仓库的一点备用库存)。现在,承包商等候零售商向品牌公司发订单,第一轮显然是快销品,承包商被告知品牌公司所收到的每张订单,只要

承包商仍然持有所需的染色布料，就可以在很短的时间内补货，很短是相对于季度的长度而言，这个系统一向需要起码两个月，现在两个星期应该足够了；季度完结之前六个星期，品牌公司应告诉承包商怎样处置所有残余布料，是否应裁剪成服装，还是留待明年用（所需开支由品牌公司承担）。我认为，如果这样的提案被很好地提呈，对品牌公司将无可避免地得到的裨益有详尽的解释，则每家品牌公司都乐意接受的机会是非常大的。

事实上，我们了解到所有品牌公司现在挣扎着寻找提高它们的库存周转数的方法，我认为它们会非常喜欢这一提案，甚至令承包商可以有效地利用它来提高利润。在这里，我的说法有点猜测的成分了，以下行动应先跟品牌公司验证，并根据它们的回应做修改[1]。

将一年分为三季运作的品牌公司（这是运动服装业的标准）的库存周转数大约是6，对它们来说，库存周转数增至9已是一项重大成就，我怀疑在这些公司中是否有人会认为库存周转数12对公司来说是合乎实际的。那么，要求根据实际库存周转数获取奖金会是可行的，承包商应根据以下逻辑提呈提案。

现在，在体育服装业务上，你们的库存周转数是6，而我们的提案是，通过极大的努力将我们的反应时间由超过两个月减缩至不到两个星期（包括运输时间），我

---

[1] 在本报告发出后的一年内，这一提案已提呈给几家品牌公司，它们全都张开双臂欢迎。

第8章 永远不要说"我懂了"

们认为你们可以以此达到更高的库存周转数。让我们做一个保守的假设:销售量的波动(连同好运气)可能将我们的货品所带给你们的库存周转数上升至8。只有当你们的库存周转数上升至9时,我们才会确认我们在你们业绩改善上的贡献。但在那个时候,应就我们的独特贡献给我们报酬。比如,由库存周转数9开始,每增加一个数,给我们相当于价格5%的数额作为奖金。

由于品牌公司的涨价额通常是它们付给承包商价格的400%,而增加库存周转数对它至关重要,这样的提案有真正的机会被接纳,12家客户中起码有4家已接纳了。当然,要达成这宗交易,我们需要爬梯子,即由采购代表联系到相对较高级别的经理,因此,不要指望快速成交。

这一提案对承包商的利润有何影响?我有理由期望,这样的提案其实会将品牌公司的库存周转数(不需要品牌公司改变它和零售商之间的运作模式)由6升至15[1],这一提案有潜力大幅增加承包商的销售量,并把它们的利润变为双倍。

我有一点点犹豫。简而言之,我们尚未尝试要求品牌公司就

---

[1] 乍看之下,库存周转数15似乎是很乐观的,但其实很保守。试想想,一个季度刚开始时,品牌公司目前持有六成的货(四成几乎立即被推至零售商),这一数字在季度内会缓慢下降,而在我们的运作方式下,品牌公司只需持有一成的货,所以我们可以预料,他们的库存周转数会增加5倍,这还未考虑快销品因较少缺货而带来的销售上升,库存周转数15是非常保守的。

提升了的库存周转数发奖金给承包商,或者任何类似的奖励,因此,我一直在想用其他并行的办法来提高公司的利润,同时大幅增加它们的销售量。

怎样令它们获得更高利润呢?我想不出另外的办法可向公司的客户(品牌公司)拿取更高的价格,那么……

第 9 章

双 赢

The Choice

　　我停止阅读父亲的报告，因为我的大脑在飞转。

　　在阅读报告之前，我绝对相信，承包商会嘲弄大品牌公司的要求——要求由老早发来大订单的传统模式转为小订单做快速反应的严苛模式。我责备品牌公司，因为这一要求并不公平，我确信，这一要求对承包商来说是不好的，我虽然没有花时间研究这将如何影响承包商的运作，但我仍然假设影响是坏的。为什么我会得出这样的结论呢？

　　我假设影响是坏的，因为这一要求源于一项自私的分析——一项以增加大品牌公司获益为目标的分析，而它并没有考虑到承包商的需要和利益。换言之，我理所当然地认为，如果一方只集中于私利（尤其当这是强势并具支配性的一方时），所需的相关改变对另一方来说，就必然是坏的。

　　我刚读到的内容，令我觉醒到这种先入为主的理念可能是不对的，相关改变不仅对另一方来说不一定是坏事，它更可能是好事，以至于当承包商也做一项自私的分析后，同样会得出跟大品牌公司基本相同的改变要求。

　　现在我开始认识到，当父亲声称和谐在任何关系中都存在时，他是何所指了。他肯定不是自欺欺人地认为每种关系都是和谐的，但他宣称的是，在每种关系中都存在着一项令各方均能从关系中得到他们各自需要的东西的改变。而当各方都需要同样的改变时，"意见及行动的相容性就存在了"，根据定义，和谐也就存在了。当父亲说和谐是存在的时，他的意思是，现在是有可能

第9章 双　赢

构建这样的改变的，即使改变可能尚未获得认同，因此现时的关系还远非和谐。

当然，考虑到现时承包商对大品牌公司的印象——考虑到承包商认为大品牌公司提出的要求都是自私的，甚至一个对双方都有利的改变都必须很小心地提呈。

我试图想象，如果大品牌公司首先承认承包商的需要，并承认承包商将受惠于较高的收入，承包商的反应会怎样。我看不出承包商可以怎样反对，我也不认为任何承包商会愚弄自己——以为大品牌公司突然变成了慈善家。最有可能的反应是，承包商会满腹疑团地等待大品牌公司抛出建议的另一半——连同相关的条件。

然后，假设大品牌公司表示，当（且仅当）一项可令大品牌公司享有相当高的库存周转数的改变能够付诸实行时，它愿意考虑支付更高的价格。我认为，这样的开场白会使承包商对认真研究建议中的改变持开放态度，而一旦承包商意识到这项改变是可行的——其成本不会受到不利影响，而大品牌公司也愿意执行它那边的改变，结果是承包商的利润很有可能上升——以上各点一旦明白了，合作是非常有可能达成的。即使需要温和地（或不那么温和地）推压一下，一旦承包商获得较高的价格，其对大品牌公司的感激及对继续加强与大品牌公司的关系的意愿，肯定会得到很大的提升。

当然，许多承包商会尝试抓取更多——价格提高的幅度比大

品牌公司最初提出的大,但这项改变能带给大品牌公司的好处是那么多,它们有空间可以灵活处理。

关键是,"一项令各方都能够从关系中得到它们各自需要的东西的改变",在一个乱七八糟的现存环境中引入这项改变,会打开很多令人兴奋的机会。一旦各方认识到,这项改变将令各方得到它们想要的东西,要实施就不太困难了。这样的改变可以存在于任何关系中,如果父亲的这个说法是对的,那么这点不仅是有益的,它还是达致完美人生的关键。

但如何发掘出这么壮丽的改变呢?即使它已经存在,你大概也需要一个特殊的、创新的头脑才能把它发掘出来。我不敢欺骗自己,说我拥有惊人的直觉来得出正确的灵感,或者拥有所需的脑力将灵感转化为一项精心构思的改变,难道我已走到路的尽头?我应该放弃吗?

父亲声称,每个人,包括我,都有足够的直觉和脑力。他说得实在轻松。

他声称,真正的问题不在于缺乏直觉和脑力,而在于我们倾向于责备他人,这阻挡了我们运用自己所拥有的潜能。难道这不是他在这份报告中要表达的?在这里,我正给他一个我能想象到的最糟糕的环境——一个我确信没有人能找到丝毫和谐的环境,而他迫使我领悟到什么呢?在该环境中,我的问题不在于找出改变,那"壮丽"的改变我早已知道——从传统的以预估为基础的大订单转为以实际消费为基础的快速反应模式。我知道所需改变

第9章 双　赢

的内容，但我从来没有想过这会令双方都得到各自所需，我被一个事实卡住了——我不由分说就责备大品牌公司，说它要求一项不公平的改变。

我开始接受一个事实——父亲是对的。我被自己的心态蒙蔽，我认为大品牌公司提出的要求对对方来说必定是坏的——一种责备的心态。

父亲在谈三个不同的障碍，第一个障碍是现实被看成很复杂，第二个障碍是接受冲突是必然的，这两个障碍阻挡着人们得出所需的改变，我准备接受。如果我能熟练地运用一个事实——即使看似复杂的情况也是由常识因果逻辑所支配的，那么我将能够越来越快地聚焦于核心冲突，至少在那些我已有足够直觉和知识的环境下，我会如此。我也准备接受，一旦核心冲突被清晰地表达出来，我不会认为冲突是必然的，我会致力于提出哪个假设应该被移除，换言之，我有一个真正的机会可以找到"壮丽"改变的方向。现在我明白为什么父亲坚持要我确认第三个障碍——责备的倾向。只要我不克服这倾向，即使这项改变用金盘呈献给我，我也会置之不理。好一个教训！父亲说："亲爱的，准备迎接一个大惊讶吧！"而我真的感到惊讶，我很惊讶自己责备他人的倾向是那么强烈和具有杀伤力。

我想更好地了解我现有的责备倾向，正如我已得出的结论，在我们责备他人的倾向的底层，就是我们处理冲突的常见方式——我们寻求妥协。妥协就是试图切开并分享一个既定的蛋糕，在什

么时候我们能够找到可接受的妥协呢？当认知为蛋糕并不是很重要，或者蛋糕其实并不是太小的时候。但当蛋糕似乎太小的时候，寻求妥协就变成"你赢得越多，我就输得越多"。根据定义，寻求妥协就是一种赢-输的方式。作为人类，我们的脑袋中永远想着自己的赢，我们必然维护自己的利益。因此，当我们陷入一个冲突，而局面关乎输赢时，我们将变得更自保而不是慷慨。当我们对最终出现的结果很不满时，很自然地，我们会责备把我们推进这个糟糕局面的人——我们会责备对方。难怪，通过我们的人生经验，我们养成了每当遇上冲突就责备他人的倾向。

相反，我们应该采取固有简单性的信念，我们解决冲突的办法应该基于尝试移除一个深层假设，以令冲突消失。移除深层假设，令冲突消失，这为寻找所需的改变铺平了路。然后，我们将聚焦于把蛋糕变大，而不是为我们在太受限的既定蛋糕的份额上打架，这就是我们所说的寻求双赢的解决方案。当父亲说"和谐存在于任何人际关系中"时，他其实是指"双赢"方案总是存在的。好哇！这个词给我的感觉更舒服。

这就给父亲的另一项坚持带来头绪了，他坚持我们应当接受和谐总是存在的——我们的出发点应当是，在任何关系中，都有一项令各方都能够从关系中得到他们各自需要的东西的改变。它是不是现在就存在并不重要，重要的是我们应当以相信它已真的存在的坚定信心来对待一种紧张的关系，而不是从责备对方中寻找避难所。如果我们容许自己陷进一种全力责备对方的氛围，我

第9章 双　赢

们的情绪会令我们盲目，在这个时候，我们投入所需的时间和专注力来认真地寻找孕育和谐的改变，机会有多大？零！这就意味着，在一种无法找到可接受的妥协的局面中，如果我们采纳父亲的劝告，我们将没有什么可失去的，而收获却是那么多。

父亲的主张不是哲学性的，而是务实的！我觉得好多了。

寻找一个双赢方案，需要我们找到一个可被移除的假设，但有时候这是相当困难的，也许我的新认知提供了一条捷径？

达致双赢方案，蛋糕就变大了，蛋糕越大，我们拿到更大的一块的机会就更大了，所以，如果我们想获得更大的一块，对待冲突的谨慎方式是确保所有努力都集中于寻找双赢解决方案。要谨记，我们总是下意识地试图保护自己的赢。那么寻求对方的赢，是不是一种自觉地开始构建双赢解决方案的审慎方式呢？这能否提高找到这样的解决方案的机会呢？

很遗憾，这个做法是不行的。例如，在承包商的例子中，一开始就为对方（大品牌公司）寻求赢，就是屈服于接受大品牌公司的较低价格，这与承包商想要的东西正好相反，寻找对方的赢并没有消除冲突，反而直接陷入冲突的旋涡，导致输的局面。

我很失望，我曾预期，按照利用双赢方案优越性的逻辑，会引领我找到正确的起点，但显然情况并非如此，一些事情出错了。我深深地吸了一口气，重读父亲的报告，看看他是怎样行事的。

正如我猜测的，父亲的确以寻求对方的赢来开始构建双赢解决方案，但不是处于冲突中的赢，他寻找的是一个不同的但不是

较次要的赢。例如，作为首次尝试的起点，他利用了一个事实，那就是大品牌公司要求承包商为它转移库存。"品牌公司喜欢承包商为它转移库存，正如它喜欢进一步降低支付给承包商的价格那样。"

当他意识到他需要一个解决方案令大品牌公司愿意付出更高价格时，他就设法寻找大品牌公司最渴望的东西，甚至比降低价格更渴望，他终于为大品牌公司找到了这个赢——高得多的库存周转数。"事实上，我了解到所有品牌公司现在挣扎着寻找提高它们的库存周转数的方法，我认为它们会非常喜欢这个提案，甚至令承包商可以有效地利用它来提高利润。"

如果我们希望取得更大的赢，那么我们必须确保对方的赢也加大，是否一定能够为对方找到一个比对方明确追求的赢更大的赢呢？

如果对方可以有一个更大的赢，为什么对方没有提出要求呢？如果这个赢是如此重要，为何对方不要求得到它呢？

然后我突然醒悟了，我们其实已经讨论过了，我们说，个人和公司常用自保机制来掩饰自己长期存在的问题（那些他们已经放弃解决的问题），如果人们启动这一自保机制（谁又不会呢），他们就会降低自己的期望。这意味着他们对自己的最大需求麻木了，他们不会为自己的真正需求提出明确的要求，因为他们根本不相信有方法办到。

现在我明白为什么父亲说毫无准备的人会对现实呈现给他

第9章 双　赢

的机会视而不见了。我们并非身处对方的位置，也没有身受其自保机制之苦，如果我们试图真正了解对方，我们将处于一个比对方更好的位置去认识如何满足他的重大需求，没有人，甚至父亲也不能说你可以跟一个你漠不关心的人有和谐的关系——如果你不愿意投入时间和精力去了解他及他的真正需求的话。

这一切神奇地联结起来了：和谐存在于任何人际关系中；双赢概念；一开始就为对方寻找一个不同的大赢（或更大的赢）的建议；通过被掩饰的问题去寻找更大的赢的能力。所有这些概念现在相辅相成，它们都是同一图画中的各个部分。

和谐——"达致一个愉快和连贯的整体的境界"。父亲说："科学家们都以敬畏之心评价这种和谐。"我认为我现在明白他的意思了。

这种感觉非常好，很对劲儿。

现在我需要做的是加强清晰思考的能力。我回头读完他的报告，我的新理解能够帮助我更容易地清晰思考吗？

第 10 章

永远不要说"我懂了"（续）①

---

① 高德拉特机构报告的续篇。

第10章 永远不要说"我懂了"（续）

它们如何获得更高利润？我（高德拉特博士）想不出另外的办法可向公司的客户（品牌公司）索取更高的价格，那么绕过它们直接卖给零售商又如何？

通常这个渠道对承包商来说是不可行的，因为这实际上需要成立一家新的类型的公司。有能力裁剪和缝制布料并根据所给予的设计转化成服装，这是一回事；有能力每年三次根据时装转变的步伐设计新的服装系列，又是完全不同的另一回事。但在这个例子中，我们的公司已经有了这种能力，它有自己的产品系列，而在大品牌公司的国家内，这些系列跟大品牌公司的系列竞争得有声有色。事实上，在它们的国家，它们在售卖自主品牌运动服装方面排名第三，领先很多更大和更著名的品牌公司。所以，如果想提高公司的利润，我们只需要聚焦于直接卖货给零售商，而由于它们几乎已令它们的"小国"饱和了——在每个主要地点都有它们的零售商，它们必须向国外的零售商招手，考虑到品牌公司的涨价额，这不仅会提高公司的利润，还会令它"爆炸"。

这还不够明显吗？嗯，从我的不愉快经验中，我学会了必须非常小心回答这个问题。一方面，我认识到所有好的解决方案都有一个共同点：很明显，它们都只在事后才会发觉这点。每次都是这样，一旦我最终找到了一个重大问题的上佳解决方案，我就对自己浪费了那么多时间才达致那明显的方案感到非常惭愧。

但是，另一方面，我也懂得了不仅要欣赏，而且要实际上尊重人们的经验和直觉。如果解决方案是正确的，如果解决方案是

那么明显，为什么他们不在很久以前就用上这个方案？一定是有某种东西，一个错误的假设，被他们视作理所当然的、不争的生活事实，导致他们否定该方案，并阻止他们尝试实施它，所以，直至我清醒地认识并验证这一阻拦着人们的假设，我不敢肯定我的新方案是明显的还是愚蠢的。

为什么这家公司不尝试直接向国外的零售商销售？必定是因为公司的名字及品牌的知名度只在国内，换言之，在国外它就不是品牌公司了。而公司的经理们知道，建立品牌需要时间，很多很多时间，以及钱，很多很多钱。国家越大，需要的资金越多，很明显，在一个不小的国家建立品牌，是超乎他们目前的财政和管理能力的。

但是，为什么拥有品牌那么重要？他们为什么确信，只要公司还没有在零售商所在的地区建立真正品牌，那么试图说服零售商持有他们的产品系列就是不划算的？

大概是因为零售商知道，品牌产品比较好销，它们不愿意冒风险买入非品牌产品——可能不好销的产品。这些零售商不愿意，这是合乎逻辑的，因为大部分零售商的制约因素（constraint）是陈列空间（和现金），持有不好销的产品，实际上是浪费了制约因素（这跟"挖尽"恰恰相反），因此会打击零售商的整体销售。

从这里我们有两条路可走，一条是系统的、合乎逻辑和细致的，另一条是大胆的、果敢的，但逻辑性并不低。其实还有更多其他路径，但由于它们全都不符合逻辑，我就不谈了。

第 10 章 永远不要说"我懂了"(续)

你读过罗伯特·弗罗斯特的诗《还没走过的路》吗?

在金黄色的森林里,有两条分叉的路,
很遗憾,我不能两边都走。
作为一个旅行者,我站在这里良久,
我在一条路上极目远望,
遥看它转入矮树丛。

首先,让我们选那条细致的路。极目远望,它很细致,也有点沉闷。所以,在我们走另外那条较具刺激性的路之前,请别睡着了。

零售商可能不愿意持有非品牌产品,但事实上,许多零售商的确持有不少非品牌产品。那么,情况必然是,我们的公司经理们知道,卖产品到国外的零售商是有可能的,但他们并没有真正尝试这样做,因为他们确信这只会导致亏损,而不是利润。让我们仔细研究这个假设,因为另一个选择就是干脆放弃直接卖给零售商这个想法。

首先,让我们排除一些较琐碎的做法。如果零售商不愿意购入非品牌产品是因为风险过高,公司可以以寄售方式降低零售商的风险,但这是一个差劲的建议。对供应商来说,寄售的风险是很高的,因为大部分产品极有可能会在季末被退回来;这对零售商也不好,因为不管寄售与否,货架堆满慢销品只会打击零售商的销售。

持有非品牌产品的零售商知道囤积过多慢销品的风险，通过降低卖给最终消费者的售价，它们把这种风险降低了，它们把非品牌产品的售价定得比品牌产品低得多，这样，非品牌产品售出的机会就提高了。但是，与此同时，零售商还要确保它们的利润是足够的，这意味着它们支付给非品牌供应商的价钱会低很多，我们的公司可以接受多低的价格而仍然有不错的利润呢？

让我们假设，零售商将以品牌服装价格的一半来售卖该公司的服装。这意味着如果零售商用同一涨价额，不管是否品牌产品，零售商付给我们公司的价格就是它为同级品牌服装付出的价格的一半。零售商付给品牌公司的价格的一半仍然远高于品牌公司目前支付给承包商的价格，这意味着该公司应直接卖货给零售商，因为这样做它的毛利将是目前卖货给品牌公司所得毛利的数倍。

让我们不要过早地跳到这样的结论。请记住，公司的经理们的确有很多经验和直觉，因此，我们可以假设他们无视最明显的事物，这种情况只会在我们明确地找到一个错误的假设的例子中才会发生，该假设阻挡着他们，令他们看不见最明显的事物。在我们的例子中，我们有没有找到这样一个拦阻着人们的错误假设呢？

没有！

那么，必然是有什么地方出错了——也许我在以上的计算中忘记了一些重要的东西。

第10章 永远不要说"我懂了"（续）

以上预期的利润是基于一个假设——公司卖货给零售商的价格将不会低于零售商为同级品牌服装付出的价格的一半。这个至关重要的假设够扎实吗？

正如上所述，当公司试图在其他国家卖出产品时，它被视为非品牌公司，它没有任何真正的竞争优势，是否还有其他非品牌公司在这些国家进行销售呢？很多，众多的非品牌公司，没有一家具竞争优势，这就提供了理想的条件让零售商的买手挤压采购价，而他们是挤压专家，在价格战的氛围下，我们仍可以稳妥地假设卖给零售商的价格是品牌产品价格的一半那么高吗？让我们以另一种方式问这个问题：现有非品牌公司是否都赚大钱？不是，有些可以维持，有些在挣扎，有些已关门了，但我们很少听到非品牌服装公司发大财，除非它们成功地找到一些窍门，足以令它们在一个利基市场建立竞争优势。以品牌公司卖给零售商的价格的一半作为该公司卖给零售商的价格，似乎有点儿过分乐观了。

"遥看它转入矮树丛。"矮树丛后面是什么？现在的倾向仍然是多点查询，包括查询零售商非品牌服装的采购价，以及建立一支向零售商推销的销售队伍的成本，这需要时间、努力及一些投资，但经过广泛的查询，结论有可能是，这也许是一条可行的路。

现在让我们走另外那条路，大胆、果敢的路。

正如上所述，零售商不愿意从非品牌公司进货，主要理由是非品牌产品不好销的风险很高。如果我们找到一个方法将这一风

险下降到甚至比零售商持有品牌服装的风险还要低,我们就可以完全放心了。果敢吗?当然,但真正的问题是,这可能吗?

为了回答这个问题,我们必须先评估零售商持有品牌服装的风险。

零售商持有品牌服装有风险吗?我们知道一个重大风险,即使零售商持有品牌服装,仍然会有很多相对慢销品(约30%),以至于零售商需要持有它们好几个月,然后只能在季末的大清货中以亏本价卖出。

容许零售商根据实际消费量进货而不是根据预估,并提出以全额退款收回慢销品(以及实行"退回这个,以另一个取代"的机制),该公司可降低零售商的风险至最低程度,同时大大改善零售商货架空间的利用。让我们算一算,了解一下这项独特的服务如何影响零售商的盈利。

让我们保守地估计销售额的增长(由于较少短缺,以及快销品的更高比例)只是50%,对零售商来说,这项销售额增长并不牵涉任何杂项开支或雇员开支的增加,这对零售商的利润所造成的影响是多少?即使大多数零售商的涨价额是100%,绝大多数零售商的销售纯利只是5%或以下,对这样的零售商来说,销售额增加50%就意味着在我们公司的产品上,它们赚取的利润相对于向传统制造商买入的同级产品将增加起码5倍。

按照常理,当向零售商的销售是以恰当的方法进行的——清晰地解释零售商所得到的好处,而不是大谈服装本身时,绝大多数不是专卖特定品牌的零售商将会接受该公司的提案,零售商大概会找一个产品系列先试试,而在数星期内,测试将扩大,该零售商成了一个满意而又忠诚的销售点。

我们的公司需要投资多少呢?在这样一个"黑手党提案"下,公司应将销售努力集中于一个人口稠密且可以由一个区域仓库服务的地区,可得的销售额(潜在的销售额,将数倍于我们的公司的产能所能供应的)及利润将很轻易地使库存所需的小量投资变得很渺小。

总而言之,看起来这个方法会是一个明显的取胜之道,但我们并不是第一批尝试寻找一个方法直接向零售商售卖非品牌产品的人,很多人,他们的精明及细致不亚于我们,尝试过解决这一问题,为什么我们成功了,而他们却全都失败了呢?

他们试图寻找一个方法,以缩减零售商从非品牌公司进货与从品牌公司进货的风险差距,而我们的做法就大大不同了,我们将挑战提升至不可能的地步——我们不尝试缩减这个差距,相反,我们敢于把差距颠倒过来。

> 在金黄色的森林内,有两条分叉的路,而我——
> 我选了那条人迹罕至的路,
> 这就造成了所有重大的差别。

第 11 章

我们有多少机会

The Choice

第11章 我们有多少机会

这次,要明白父亲的逻辑并不难。首先,我知道他想向哪个方向走,正如我所料,一开始他就为对方——零售商——探索一个大赢,一个比低采购价更好的赢。这就是关键——确定赢的定义,然后寻找方法满足它。

对这家公司来说,除了向品牌公司销售,直接向零售商销售现在已成为一个可行的新增做法,还有其他选项吗?一定有的,因为他的报告一开头就说,重新分析为知识库产生了不是一项而是三项新增知识,他的报告只谈了两个新的解决方案,第三个在哪里呢?

我敢打赌,他预先在报告中加插这项提示,目的是当他的团队有人察觉到这点而来找他时,他就有了一个很理想的平台来教他们如何构建第三个解决方案。我了解父亲够深了,只有当他已经用他构建第二个解决方案的程序为寻找第三个解决方案铺好了路之后,他才会玩这样的把戏。

我能找到吗?我要从何处入手寻找第三个解决方案呢?当我强迫自己停下来时,我开始看到线索了,我不想成为战略专家,我应当聚焦于向父亲挤压出一个更为重要的问题的答案——怎样学习清晰思考,以达致完美人生?我是否已尽我所能,升华了报告中的所有东西呢?

我的眼球停留在报告的标题上,"永远不要说'我懂了'",这个说法没有道理,假设有人实施了一个很好的解决方案,行之有效,大大改善了一个运作环境,我认为这个人有权充满自豪地

宣称"我懂了"。

父亲用词是很小心的,他不会轻易使用"永远不"这类强烈的字眼,如果他的意思不是这样。

"永远不要说'我懂了'",他为什么这样说呢?是否因为他认为,我们自认为懂了就会阻挡我们进行更进一步的改善呢?

这是不可能的,自认为懂了是不太可能阻挡任何人看到一个可以进一步改善的环境的,大家都知道,改善的余地总是有的。我不断思考,父亲不会在报告的标题提出这样的警告,除非相关信息确实很重要。

改善,如果我们不断改善一个系统,我们将到达一个阶段——系统相当不错,我们仍然可以改善它,但不能再期望收获会像刚开始时那样高,收获递减的现象出现了。而每次父亲列举一个改善案例,从来都是关乎重大的突破,一个根本性的新领悟,将整个课题推上一个新的高度。

我是否碰上第四个障碍了?我们自认为"我懂了",是否阻挡了我们运用我们的直觉和脑力?看来确实是这样,当一个人确信系统运作良好,认为所有关乎系统的事情他通通都懂了,剩下来要做的事只是继续润饰它一下,他就绝不会花时间和精力来寻求突破。父亲警告我们永远不要说"我懂了",是因为他认为我们永远不应满足于日渐减少的收获,并认为下一个突破总是在前面等待着我们?

我认为我想得过了头了,与其在如何改善一个已经很好的状

第 11 章 我们有多少机会

况上动脑筋,我倒不如专注于如何令自己可更熟练地改善一个更常见的状况(差劲的状况),现在专注于如何有系统地学习克服头三个障碍,学习如何产生有意义的机会,然后如何将足够多的机会转化为成功,对吗?

这样做可能比较审慎,但我已无法抑制我的思绪,我继续在猜想:到底是否总有方法将一个状况推上一个新的高度,不管状况在开始时已经有多好?如果有,这就带来深远的影响了。我一直以为,最佳的机会是在我们冲破一个障碍时产生的,即当我们领悟到如何改善一个极差劲的状况时。但是,如果所有一切,包括那些已经很好的状况,都可以大幅改善的话,这是不是意味着我们四周都是机会?

为了达致完美人生,我们需要合适的机会,足够多的机会。在一分钟之前,我还确信合适的机会是极罕有的,但如果我对"永远不要说'我懂了'"的理解是正确的,即任何状况都可以大幅改善,那么,父亲其实是在声称有大量机会正存在着,存在于我们所能看到的任何角落,这实在太好了,好到让人难以置信。

对这个词的理解,我感觉好像在流沙上筑城堡。在我走下一步之前,我必须向父亲查证一下,到底我的理解是否正确,希望这意味着我可以拿到他的又一份报告。

第 12 章

货架寿命很短的产品

第12章　货架寿命很短的产品

我真的收到了父亲的另一份报告,我马上打开阅读。

高德拉特机构报告①

当一个行业的运作方式已经跟一个 TOC 解决方案相吻合,我们还有什么具有重要意义的东西可提供吗?

上星期,我(高德拉特博士)对一家很大的生产面粉和加工玉米的公司进行项目审计访问,这家公司以大批量供应这些产品给其他制造商,以 0.5~2.5 公斤一包供应给零售商。而它利润最丰厚的产品是面包,由八家很大的面包厂生产,占总销售额的三成。提升一个重要的、高利润的产品系列的销售,比提升一个低利润产品的销售所产生的影响会大得多,难怪当我两年前第一次访问它时,我倾向于把重点放在利润最丰厚的产品——面包上。

由于面包是消费品,相关的 TOC 解决方案是配销(distribution)方案,它基于增加订单或交货的频率。我们已习惯了每星期一次甚至每月一次的交货频率,这样的运作环境已很普遍。从我们处理一般产品的经验中,我们了解到,每天交货一次的频度已足以确保不缺货,而提高频度至每天一次以上并不能提高可得性或销售量。面包已经是每天早上就送交每个零售商,考虑到面包目前已经有很高的交货频度,我们还有什么具有重要意义的建议可提供呢?在我们放弃这个想法并把我们的注意力投放在公

---

① 这是一份于 2007 年 3 月发给高德拉特机构传阅的报告,为了方便不熟悉高德拉特机构运作的读者阅读,报告内容曾稍作修改。

司的其他产品(那些低利润、以常规订单/交货频度运作的产品)之前,也许我们应该接着问一问:为什么面包是每天交货一次?

这是因为面包有很短的货架寿命。

短货架寿命产品的特征是,产品的新鲜度是一个极重要因素。我记得以前在军营中的日子,当我们问厨师"我们可否有新鲜的面包"时,他的回答是:"你要今天烤的面包吗?明天再来吧。"

是的,面包是今天烤的还是昨天烤的,区别很大;一块30分钟前烤的温热面包跟两小时前烤的,也有区别;但两小时前烤的跟八小时前烤的有区别吗?其实没有了。因此,从消费者的角度来看,每天交货一次是正确的频度,除非公司有办法直接从烤炉边呈上面包。在我们得出结论说每天交货一次是我们公司的最适当安排之前,让我们检视一下,短货架寿命产品对零售商有什么影响。假设今天无法卖出的明天就不能卖,过剩就变成过时;或者,假设一个不那么极端的情况,今天无法卖出的明天卖出的机会就低了很多,而把它们放在货架上多一天,会在消费者心中留下不良的印象。

这家公司生产的面包都被切成片并用塑料袋包装,产品寿命评定为四天,而按照法律规定,失效期就印在塑料袋的显眼位置。由于货架寿命超过一天,而消费者对失效期很敏感,上述第二种(不那么极端的)情况是适用于这家公司的状况的。

尽管零售商希望随时都有面包可卖,但它必须考虑过剩(面

第12章 货架寿命很短的产品

包摆放超过一天)对业务的影响。你可以预期,当每天实际需求量无法准确预知时,零售商的预估就会趋于保守,所以在下午或黄昏,某些面包可能不一定在店中有售了。因此,交货频度从每天一次提升至更高,可能导致销售量增加。

增加多少?

嗯,这要看零售商的预估有多保守了。了解到你不能肯定在下午或黄昏走进面包店时仍可找到一块看起来很新鲜的面包,我估计增加交货频度至每天两次可令销售量增加不少。由于我预期缺货主要发生在下午,而大多数的需求是在早上,因此我的最高期望是,销售量的增加不会超过30%,如果增加少于10%,我也不会过于惊讶。

但是,交货频度的这项改变也会影响成本。这些产品的毛利是营业额的40%~50%,而配销成本只是营业额的3%~5%。因此,只要销售量的增加超过10%,即使该公司的配销成本变为双倍,纯利将仍然有所增长①。

在生产方面,将需求分拆为每天两次可带来许多正面的作用,因此,一切都取决于将运作模式改为每天交货两次到底会令销售量增加了多少,如果超过10%,好;如果接近30%,那就非常好。

---

① 面包的独特之处在于,零售店规定每天早上一定要有货供应,因此公司的面包厂分布于这个辽阔的国家的所有战略位置,运货时间都在几小时之内。一天当中,运输车队大部分时间都闲着,每天送货两次一般不需要增加车辆。

如果你把相关数字算一算,你应该感到很诧异——为什么我声称销售量增加近 30%是非常好?当一组产品的销售量有 30%的增长,而它只占公司生意的30%且原材料是售价的一半时,你就能计算出公司利润的增长只占公司目前销售额的 5%(0.3×0.3×0.5=5%),这个数字远不能令公司的盈利表现有大飞跃,我应当把它当作微不足道的小事而已。

之所以声称"销售量增加 30%是非常好",是因为上述分析中关键的一段话——"你可以预期,当每天实际需求量无法准确预知时,零售商的预估就会趋于保守"。要明白,这段话可能是达致公司盈利大飞跃之匙,让我们先看看每天面包需求量的不确定性主要是怎样引起的。

当某特定类型的面包每天卖出 50 个时,你可以预期,在某特定的一天,销售量可能是 60 个或 40 个,但不会低至 20 个,除非是很特别的日子。换言之,这样的产品每天需求量的合理变数是 20%左右。但是,如果我们看看一种平均每天只卖出 5 个的面包,一个合理的预期是,在某特定的一天,它可能只卖出一两个,换言之,变数高出很多了,每天卖出的个数越少,在某特定的一天的预估销售量的不确定性就越高。因此,我们可以预期,零售商在订慢销品的货时会更趋保守。此外,你可以理所当然地预期,零售商对某产品的经验越少,其保守倾向就越强。

以上所述如何联系到我们公司的状况呢?

面包是大家都很有经验的少数产品之一。我们都知道,普通

第 12 章 货架寿命很短的产品

面包跟花式面包(如月形面包和葡萄干面包)在售价上差距很大。我们也知道,即使花式面包的售价可能比普通面包高 3 或 4 倍,原材料也不可能是双倍那么贵,花式面包的有效产出(throughput)使普通面包的有效产出相形见绌,如果普通面包的有效产出是售价的 50%,即 2 元,花式面包的有效产出就有可能是 8 元,但花式面包的销售量比普通面包低很多。此外,当公司向零售商推出新款花式面包时,零售商对新产品的经验当然就不多,因此,零售商的保守倾向会严重打击花式面包在货架上的可得性及新产品引进的可能性。

如果每天交货两次将导致销售量增加 30%,这意味着公司每天交货两次是一个非常有效的降低零售商保守倾向的方法,这也意味着令更多花式面包的销售大幅增长之门将敞开。考虑到这些面包可观的有效产出,公司将能够进一步降低零售商的保守倾向,方法是提出回收所有剩货并全额退款,每多卖出一个面包,就能弥补两个被回收的面包。

让我们合理地揣测一下,按我们构建的逻辑链条行事,会产生什么潜在影响。如果普通面包的销售量增加 30%,那么我们可以说第二次交货将有效地消除零售商的保守倾向。由于花式面包每天的销售量远比普通面包低,零售商目前在花式面包上的保守倾向会比普通面包强得多,因此,消除保守倾向导致花式面包销售量增长的机会将更大。花式面包的销售量增长大概是普通面包增长的双倍,再加上引进花式面包新产品系列比较容易,因而产

生的增长是多少就由每个人自己去猜测了。现在,将所有这些增长乘以花式面包亮丽的有效产出,我们不再讲利润增长等同于目前销售额的5%了,而是高得多。

剩下来的工作是检测一下,找一些代表不同市场类别的零售商作为试点,从大城镇的超市到乡间的小便利店,但这一阶段的面包利润增长仍基于揣测,我并没有忽略它们的磨制产品(经零售商卖的小包装面粉及玉米)。

在这里,我们正基于一个更坚实的基础。我们知道,我们的配销方案——将目前每星期一次的交货频度(甚至每月一次)转为每天一次——肯定会增加销售量,同时大幅降低零售商持有的库存。这就为我们提供了坚实的基础,可跟零售商建立新的工作关系,令公司可伸向更多零售商,提高公司在每个零售商的销售量,如果同时增加零售商的数目,大概足以达致可行愿景(期望中的公司盈利的大飞跃)了。

当然,由于公司现有的基础设施是基于按零售商的订单供货的,把它改为按消费者的实际需求供货,需要在许多环节上做重大改变。生产部门传统的习惯以按订单生产的模式来运作,在零售商的订单之上再加上公司内部的库存订单,力求全面启动磨坊所有产能的心态,必须被更严格的"为可得性而生产"(produce-to-availability)的运作模式取代。

配销必须经历同样大的改变:由推和拉的模式转至按实际消费补货的模式;从磨坊补货而不是从磨坊拉货;向零售商补货而

第 12 章　货架寿命很短的产品

不是向零售店推货。同样重要的是，配销部门必须建立适当的系统，确保每个 SKU 的目标库存量不断受到监控。

最大的改变当然在销售上，由不断向零售商施压要它们多买（尤其是临近月底及季末），转为根据零售商的真正需要与它们建立伙伴关系，努力增加零售商在库存上的回报。方法是定出正确的目标库存量，然后只需按实际消费补货，这一系列改变都不是琐事。

项目开始一年多以来，所有基础工作已经顺利进行了，面包厂的灵活性已提高至一定程度，以致生产所有种类面包所需时间已由 24 小时缩短至约 8 小时，同时增加烤量（这意味着由第一个面包从烤箱出来，直至装满零售商所需的各种面包的货车驶离装货区，所需时间已由 24 小时缩短至约 8 小时），这就令面包厂处于一个很好的起点，可以大幅增加它们能够提供的不同种类面包的数目。

磨坊的运作表明，为可得性而生产的运作模式可行，而且能够增加磨坊的产能。面包厂及磨坊计算机化的生产系统不仅运作良好，还得到了生产员工的全面接受，这是一项不平凡的成就。

所有配销仓库都得到适当补货，系统运作有声有色，库存已下降，缺货也大幅减少，这里只是用寥寥数语描述了这方面的巨大成就。

但最重要的是，测试交货频度对销售量的影响的这项行动已启动了，对 14 个有代表性的零售商进行的测试过去 4 个月一直

被严密监控。

正如我所料,在磨制产品方面,卖给零售商的量有所下降,这是由于原先过剩的库存需要先卖完。也正如我所料,之后销售量开始顺利地升上来了,并在一个比开始时的销售量高得多的水平稳定下来。我们没有预料到的是,销售量稳定地处于比去年同期高 90%的水平,这一高水平在过去 3 个月一直持续。让我解释一下为什么这项高增长是出人意料的。

补货方案通过两条不同的渠道影响销售量,第一条是直接的渠道,适当地补货消除了几乎所有缺货,缺货减少直接演化为更高的销售量;第二条渠道对销售量所产生的影响,我们已认识到跟第一条一样大,在这里,适当地补货大幅减少了慢销品的库存,由于店中慢销品的数目减少,就可腾出更多货架空间,销售人员也可投放更多注意力在快销品上,销售量因而增加了。

零售商的 SKU 数目越多,这两项影响就越大,由于磨制产品只有 30 个 SKU,而零售商平均持有不超过 15 个,这项令人印象深刻的 90%的销售量增长实在超出我的预期,但仍然在我们看到的其他改用配销方案的环境所取得的成果的范围内。

已显示出来的 90%的销售量增长,可确保补货提案对任何零售商都极具吸引力,配销成本(相对于有效产出的增长,这是很轻微的)也不会妨碍运作的重大扩展。当这项较佳服务的范围能大大扩大时,如果提升了的销售量能维持——我看不出有什么真正的理由使它不能维持——可行愿景的目标就能够比指定日期

第 12 章　货架寿命很短的产品

（两年半后）早很多达到了。

那么，面包又如何？提高面包交货频度至每天两次所造成的影响，相关的测试有何成果呢？

我真正的喜悦和惊讶来自同一批零售商在面包上的销售数字，第一天，面包销售量已增加超过 100%！14 个零售商在过去 4 个月确切的测试平均数字是 118%。

喜悦和惊讶！让我首先解释"喜悦"那部分。

这么大幅的增长清晰地显示，每天两次交货已清除了零售商的保守倾向，真正高利润产品（花式面包）的大门敞开了。如果测试的数字是正确的，很明显，在余下的两年半内，要超越那一度被认为是极具野心的目标，就会像在公园散步那么轻松，但我们最好还是尽量压制自己的欲望，不要马上扩展至那数以千计的其他零售商，我们宜先精确地弄清楚影响销售量增长的因果关系。现在是时候把测试扩展至约 100 个零售商了，还要推出各种花式面包，查看到底是哪些因素影响了销售量及有效产出的增长。

面包销售量增加 100%，为什么我会感到"惊讶"呢，尤其当我在常规产品上（如纺织品）已看过这样的甚至更高的数字时？

让我们回到我当初预期销售量最高增长 30% 时所做的解释，在那项预测中，你有没有发现任何逻辑性的错误呢？预期销售量最高增长 30%，而 100% 的销售量增长是从哪里来的呢？

在所有以前的例子中，当更好地补货导致销售量增加时，我假设销售量增长是靠抢走竞争对手的生意才能达致的，但在面包这个例子中，这个假设不成立。我们的公司很大，供应全国面包需求量的三成，但并非所有零售商都卖它的货，那么，情况一定是，在卖它的货的零售商中，它仅占这些零售商所卖的面包的五成而已，如果它的销售量增长主要是靠抢走竞争对手的生意的话，这就意味着竞争对手已经全被扫出这些零售商了，但这样的事并没有发生。那么，销售量增长必然来自另一条途径。

每天上午，我们的公司并不享有超越其竞争对手的真正竞争优势，下午的情形就不一样了，下午高得多的产品可得性把顾客从其他零售商处吸引过来了吗？如果情形是这样，附近其他零售商的销售量应下跌（这些零售商每天仍只获得供货一次），但这也没有发生，起码大数额的下跌肯定没有。

那么，我唯一可以找到的理由是，这批零售商的顾客买了更多的面包，他们大概以双倍的量购买。

起初我很难接受这样的解释，但在联想到我自己的家庭成员的购物风格后，这种解释变得较为可信了。起码在我家里，当家庭成员面对之前买的面包和新买的面包的选择时，几乎总选择吃新买的，即使这意味着之前买的面包最终会被扔进垃圾桶。还有，越来越多的人喜欢在下班后选购食物，下午有充足的新鲜面包供应而导致面包销售量大增，就不足为奇了。

其实，跟几个人讨论过后，我开始觉得奇怪：产品在这批零

第 12 章 货架寿命很短的产品

售商的测试中非常好卖,主要原因是需求的实际增长,这点为什么让我觉得那么难以接受呢?是不是因为我盲目地接受了我在经济学上学到的概念,而没有尝试看看它是否印证了我的人生经验?

从经济学中我学到的是,产品有供应也有需求,而价格就是供应水平与需求水平相比较之下的产物,我也学到了(也许问题在我,而不是我的老师),供应和需求都是独立的变量。如果一家公司的销售量增加了,这一定是靠抢走竞争对手的生意办到的,因为市场蛋糕的大小是固定的,这是一个零和游戏。

这一说法肯定对我们目前怎样分析一家公司的潜力会有所影响。当一家公司已经占有了 60% 的市场时,我们假设,一旦该公司成功地建立了决定性竞争优势,销售量的最高增长会来自现有市场中余下的 40%。我们一直假设,如果公司想要更高的增长,就必须扩展至新的市场,或者向原有市场提供新产品。现在,我们是否应做不同的思考——为公司带来决定性竞争优势的提案也会同时把现有的市场变大?起码消费品就是这样的。我是否可以接受更好地供货(产品不变,同时保持甚至提高价格)会大幅提高需求呢?供应和需求其实是强烈地互相依存的变量?嗯……

第 13 章

连天空也不是极限了

第13章 连天空也不是极限了

我驾车从机场接父亲回家。

"你读过我几天前发给你的报告吗?"他问。

我正在等待如此一问。我说:"在你问我报告令我得出什么推论之前,让我问你一件事情,在报告中,很显然你对销售量增长感到很惊讶,无论是磨制产品还是面包,增长都远高于你的预期。"

"对,真的很惊讶,那么,你的问题是什么?"

"你教导过我,说深化我们的知识的最宝贵机会,是当现实跟我们的预期大大不同时,大多数人只会兴高采烈地接受比预期更好的成绩,然后就走下去了。但我猜测,你不只走下去,我想你还会花点时间探索原因。如果是这样,你有任何重大发现吗?"

他显然感到高兴,轻轻地拍拍我的手臂,说:"我不仅索取更多的细节,我对那些数据更是疑惑,以致我要求该公司的总裁及首席运营官深入看看测试是怎样进行的,然后到荷兰我的办公室跟我共叙三天。他们是非常精明及务实的人,因此我知道,无论怎样,我们在一起的几天一定是一段美好的时光。对,那三天我们取得了重大进展。"

当第一次读完他的报告之后,我感到非常失望,而现在,我正要求父亲回答一个非常重要的问题:是不是任何状况,无论原来已经多么好,都是可以大幅改善的呢?作为答案,我收到了一份报告,它显示一个特定的状况如何得到改善,我是否应从这点得出推论:如果一个原本已经很好的状况可以改善,那么任何其

他状况都可以改善呢?

此外,报告说状况原本已经很好,这点我不接受,每天补货是面包行业的传统,这不一定意味着状况已经很好。

难怪我的第一感觉是父亲没有回答我的问题,我甚至怀疑他并没有努力来了解我的问题。坦白说,我觉得有点儿生气。

他一直在国外,这是好事,起码我不能冲到他的家里和他对质,这给了我一点时间来驯服我的责备倾向,并检视一下其他可能的理由来解释他为什么给我这份报告作为答案。我提出并否定其他一些可能性后,我注意到,他强调测试结果不符合他的预期,那么也许父亲给我这份报告不是作为答案,而是作为答案的导入,也许一个真正令人大开眼界的例子正在后头,这是一个比较可信的、不那么令我困扰的可能性。现在看来,我的猜测是准确的。

"我相信,你在荷兰跟那些人谈得不错吧。"我欢快地说,"你是打算告诉我你所取得的进展呢,还是我必须乞求你说?"

"紧盯前面的路吧!"他笑着说,"报上来的销售增长百分比是错的,我并不感到意外。进行测试的14个零售商中有4个是新客户,之前没有跟这家公司做过生意。你看,一开始我们就预料,更频繁的补货是那么具有吸引力,将有助于说服更多零售商持有公司的产品,这点对公司来说很重要,所以很自然地,他们也想查证一下。问题是,当他们罗列那些数据时,他们把卖给这14个零售商的产品总额跟一年前的数字相比,当然,当你把一年

第13章 连天空也不是极限了

前尚未有生意往来的零售商也包括在内时,得出的结论就是一个很高的百分比增长,一个很大的歪曲。"

"但是,这是很容易纠正的。"我说,"真正的增长是多少?"

"每个零售商实际增长 60%左右,这对磨制产品来说,是符合我们的预期的;至于面包,它只点出了零售商的保守倾向比我原先预料的更甚——倾向于保证不持有卖不出的面包。"

我开始变得烦躁,就是这样吗?这就是故事的全部吗?不可能。"你花了多少时间才认识到,新的数字并没有怎么改变局面?花了15分钟?在余下的3天里,你做了些什么事?"

"很显明,我们重新思考了那个解决方案。"他笑着说。

"有这个必要吗?"我问,"现在一切都合乎逻辑了,所取得的成绩比你需要的、用来确保公司在盈利上有大飞跃的数字更好,是什么导致你重新思考该解决方案呢?"我降低车速,一旦回到家里,我就要跟他的孙儿们竞争,我就再也不会得到他的注意力了。

"你说得对,结果令人非常满意,但是,亲爱的,并不是所有事情都对头。"

看到我惊讶的表情,他解释:"当我做初步分析时,我留意到,该公司假设零售商发来的订单就是翌日需求量的最佳预估。我就是要挑战这个假设,我猜测,由于订单受零售商的保守倾向影响,实际需求会比订单上的数字高。正如你读到的,我当时并不知道这一保守倾向有多强烈,但现在我们有了较坚实的依据,

我们知道,保守倾向扮演的角色影响不小,比我预料的大很多,所导致的销售量增长不是10%,甚至不是30%,而是60%,这个成绩是否显示我没有充分明白这一保守倾向背后的原因?"

那么,这就是他拼劲去追寻更好方案的原因了。他很小心,不以为自己懂,他是那么谨慎,以致能警觉每个显示他不懂的迹象。这使我想起了我先前的结论:要像一个真正的科学家那样思考,就意味着要"谦虚地傲慢","谦虚"是确信你不懂,"傲慢"是自信有能力开发所需的知识。

"父亲,正如你所说,深化我们的知识的最宝贵机会,是当现实跟我们的预期大大不同时。那么,你是怎么得出你对零售商的保守倾向的更好的理解的?请尝试尽可能详细地解释。"

"我会试试。如何深挖零售商保守倾向背后的原因呢?这个保守倾向必然跟一件事情有关,那就是,与卖出一个面包所得的利益相比,零售商在一个卖不出的面包上蒙受的损失。我知道,由于该公司也是面粉供应商,它在面包上的利润率颇为可观,接近50%,这是由磨坊的利润和面包厂的利润组成的,但我没有费神去查核零售商的利润,只假设它就如超市的常规利润率,30%~35%。在荷兰的会议上我才知道,由于面包是很基本的产品,基本到零售商必须持有一些,零售商的利润非常低,大概只是售价的15%。"

"但这就意味着,"我惊讶地说,"一个未卖出的面包就抵消了五个卖出的面包的利润,难怪零售商的保守倾向很强烈。"

第13章 连天空也不是极限了

"是那么强烈,以致我们扪心自问,到底每天交货两次是不是只是降低而不是消除了这一保守倾向,你怎么看?"

"如果我是零售商,"我回答,"我会确保我不会被旧面包卡住,由于需求天天都有波动,即使每天交货两次,我仍然会以低于预期平均需求量订货。"

他向敞开的车窗外吐出一股长长的烟雾:"这也是我们的结论,那么,接下来明显要问的问题是,我们如何才能确保完全消除零售商的保守倾向,令我们卖给零售商的货量等同真正需求量?我们如何验证我们做到了这点?"

"等一等。"我以手势示意。

最困难的事情是,挣扎着去寻找一个问题的答案,而当我们相信答案非常可能并不存在时,太容易放弃了,这就是为什么父亲建议一开始就以"一个更好的解决方案必然存在"作为信念。在我们正在讨论的例子上,我是秉持这样的信念的,我确信解决方案存在,因为我知道父亲已找到一个。单凭这个信念本身就足以找到解决方案吗?我不这样认为,但这是一个上佳的机会。

"让我试试自行揣摩一下。"我不那么坚定地说,"可以做点儿什么来消除零售商的保守倾向呢?"

我一点儿头绪都没有,但我不打算宣告投降,父亲是怎样思考这样的问题的呢?

他会思考因果关系,如果想消除"果",我们应先消除"因"。如果想消除零售商的保守倾向,我们应先消除相关的"因"。关

于零售商保守倾向的原因，我们是怎样说的？原因就是，一个卖不出的面包所带来的不成比例的负面影响。怎样可以减少损失呢？这还不够，怎样可以消除它呢？公司可以做点什么来确保零售商不会因为面包卖不出去而蒙受半点损失呢？

公司可以将面包收回并全额退款，但这只是将损失转嫁给公司而已。对，但公司的承受能力较强——公司在每个面包上的利润高得多，这是否仍然是一个好主意？销售量的增加是否足以抵消过时报废的成本呢？我不能肯定。

我迟疑地说："公司是否应收回昨天的面包并全额退款？"

"这也正是我们考虑过的。"他回答，"当然，我浪费了一些时间琢磨那些数字，看看这样做是否划算，然后发现他们根本不担心这个。当我问他们为什么会接受这个建议时，他们提醒我，面包是用塑料袋包装的，因此有4天的货架寿命，收回还有3天货架寿命的面包，卖给他们的机构客户，对他们来说一点问题也没有。即使一个星期还卖不出，他们也不会蒙受损失，因为他们可以卖给饼干公司，售价甚至比面粉更高。"

"真美妙，那么，这就是解决方案了。"我也感到非常自豪。

"伊芙拉，"他说，一面向车窗外吐出另一股浓烟，"还没有完。第二个问题怎样？我们怎样才能确定订货量依然不会过低呢？记住，惰性会令零售商的订货量仍然低于实际需求。"

这很简单。"由于剩货对公司并不构成损失，他们只需要建立一套程序——当他们的司机发觉零售商昨天没有剩货时，就会

第 13 章　连天空也不是极限了

给零售商比昨天高的货量；如果剩货很多，就少给一点。我相信，他们在这一做法上累积了一些经验后，便会很快将其确立为正式做法。"

"正确。"他说，"继续。"

继续？还有什么？

"伊芙拉，每当得出一个新的解决方案时，你必须查看所有因此而引起的后果，否则可能会遗漏一些重要的事情。"

这个我明白，但我仍然不知道我还要做点什么，为了确保我们有足够时间，我用迂回的方式表述，他不会发觉的。

他认识到我被他的问题卡住了，就试图帮忙，问："你的建议会消除零售商的保守倾向吗？"

我又想了想，然后信心十足地说："会。"

认识到他给我的提示对我帮助不大，他笑着继续说："如果情况是这样，每天交货由一次改为两次还有什么意义呢？一次就够了，我们的增长甚至将比在测试中所取得的成绩更高，而不用经历每天交货两次的麻烦。"

这出乎我意料，但道理是那么明显，为什么我还会感到惊讶？不知怎的，我觉得这点是重要的，所以我继续琢磨它。

他原来的解决方案——每天交货两次——是一个大胆的方案，测试证明了它运作良好，甚至超出了最乐观的预期，而现在，他眼也没有眨一下就弃掉了它，是他的惰性使然？人们常说，发明人是应该爱上他的发明的。这句话还有道理吗？

这是否关乎父亲的独特个性？或者，我现在经历的是否就是深信"他不懂"及以开放态度重新思考每件事（包括自己的上佳解决方案）的真正含义？我相信，要达到这个水平，需要修炼一段很长的时间……

父亲打断我的思绪，说："当然，这不用花上三天的时间。我们继而着手构建一个更佳的解决方案，我确信，我们开发出的新方案，以公司利润的增长来说，它将令我们目前的方案显得极为渺小。"

这是我在现阶段遇到的最出乎意料的事情，但是，回过头来看，这正是我要求的决定性例子。该公司即将取得破纪录的利润，远高于行业标准，这无疑是一个很好的势头。如果父亲能想出另一个解决方案，一个威力那么强大的方案，甚至令眼前的这个方案也显得渺小，那么我就必须承认，任何状况都有可能大幅改善。

"父亲，"我说，"当你试图改善一个不良的现状时，我知道你的出发点，你以不良效应开始，然后层层挖下去，直至找到核心冲突，但如果你面对的现状已经非常好，你怎样动手呢？把你的所有直觉通通放出来？"

"伊芙拉，我已经告诉过你一次又一次了，我不是一个天才，我没有这一任务所需的惊人直觉。"

"那么，你怎么去构建更佳的解决方案？"

"不容易。"他笑着说，"正如你指出的，一个好的解决方案会针对核心冲突，改变一个深层假设，从而大大改变一个状况。

第 13 章　连天空也不是极限了

然后你会面对另一个现实，跟你原先面对的有很大的不同，由于方案的实施尚未完成，我们可以做的就是，首先将我们置身于未来，想象一下公司实现所有所需的改变后状况将是怎样的，这是最难的部分，伊芙拉，你想试试这样做吗？我可以帮助你。"

"我们离我们的目标太接近了，我也太好奇了。"我回答，"我看你还是直截了当地告诉我吧。"

"好吧，在这种新形势下，我寻找的是有利效应（desirable effects），即公司可获得的优势其实相当多，通过它的配销仓库及车队，公司将能服务于它辽阔的国家内几乎所有快销品零售商，无论在城镇或乡村地区。它将根据实际消费补货，这就意味着它将能够以确切的数字表明，在公司的产品上，客户可获得前所未有的高库存周转数，加上每单位货架空间的极高销售额；这也意味着，公司的销售人员跟零售商有很好的关系，另外，转为根据实际消费补货的运作模式可释放出区域仓库 3/4 的空间。现在，再考虑到公司庞大车队的大部分是运送面包的，它们一天当中大部分时间仍是闲着的，你会得出什么？你会领悟到，配销及销售更多的快销品是很容易办到的——用同一基础设施就可以办到了，不需要在营运费用上做任何增加。"

"那么，你建议公司开始生产更多不同的产品？"

"没有。"当车子驶入我们的镇时，他说，"这需要在技术和生产上做大量投资，费时也很长。你注意到了吗？公司的主要优势是更佳的配销及销售，聚焦于这些优势，可更好及更快地利用

这一大好状况。许多品牌公司,我是指那些世界级'巨人',尚未进入该国。这些品牌公司都有最佳产品,而同样重要的是,它们有知名度。然而,它们想直接进入该国,需要在配销及销售上做重大投资,再加上相当大的风险,你有没有看到,在这些品牌公司和我们公司之间构建神奇的双赢合作,是何等容易?"

第 14 章

清晰思考与赘述

The Choice

父亲和我坐在后院中,这是一个美丽的冬天早晨,一个更似属于春天的日子,他手持一杯咖啡,烟斗就在桌子上,我在舒适的花园躺椅上伸展身体,手中什么都没有。跟他不同,我不需要咖啡因或尼古丁来帮助我度日。

今天,我决心向父亲压榨出清晰思考的真正含义,我已经成功地把他从书房里拖出来,这已是一个不小的成就。我拔掉了屋中所有电话线,我甚至关掉了我的手机,父亲没有手机。母亲和她的妹妹去了南特拉维夫,而我的孩子正在上学,我将有连续三小时的时间,这应该够了,起码对一个起步来说。

"父亲,"我说,"让我告诉你我接受了什么东西,以及还有什么正在困扰着我。"

他盯着树影形成的在地上舞动的光点,大概正在思考别的东西,这没关系,一旦我开始了,就能吸引他的注意力。我谈的是在他的人生中占中心位置的事情,我是他最疼爱的女儿,他唯一的女儿。

"我完全同意,我不求安逸人生,我要完美人生。我也明白,为了拥有完美人生,我必须有够多的好机会,我需要将当中一些机会推展至一种程度,令我觉得我已经取得了显著的成就。"

他没有做出反应,但这没有令我慢下来:"通过观察你和聆听你,我确信,不能听天由命,即人们所说的好运气。相反,如果我学懂清晰思考,我达致完美人生的机会将大增,我将能够制造(或起码抓住)适合我的好机会,我将更有能力和毅力贯彻当

第14章 清晰思考与赘述

中够多的机会至完美结局。"

我还没有看到他产生兴趣的迹象,我继续说:"你说,唯一阻挡我进行清晰思考的东西是一些具体的障碍。"

"障碍和练习,大量的练习。"

他终于有点儿反应了,一个小小的挑衅可用来推动这个讨论,我稍微提高声线说:"这正是我的问题,你说过,要像真正的科学家那样清晰思考,需要大量练习。我认为,我时刻都在思考,不管我有没有意识到,但这显然不是你所说的练习。所以,你可否告诉我,怎样练习清晰思考呢?"

他依然盯着树下的光点,以一种诧异的口吻说:"当一个人说的话有道理,另一人却絮絮叨叨时,那区别还不够明显吗?"

我不会让他就这样把问题推离:"你能否给我一个明确的定义,两者的区别在哪里?"我坚持。

他很冷淡地回答:"清晰思考,关键在于避免循环逻辑,就是这么一回事。"

"父亲,"我以坚定的语气说,"我们可否讨论一下这个问题?我要真正了解它,这点很重要。"最后他直视了我一会儿,然后以温和的语调说:"对不起,女儿。"

他点燃他的烟斗,吐出一些烟雾,一面沉思,一会儿之后,他开始了:"正如我们已经说过的,一切都是由因果关系联结起来的,而在底层只有极少数因素,那么,清晰思考的关键是构建逻辑路线图,你由一个效应开始——任何效应,向下挖至根源

'因',方法是问自己'为什么这个效应存在'。这个过程的难处是,当我们向下挖时,迟早会到达一些'因',它们的存在不能以我们的感官验证,它们是抽象的事物。"

"请说明一下。"我说,试图令他的语速放慢下来。

他微笑并较缓慢地继续说:"在硬科学上,当我们以'为什么这东西存在'这个问题开始向下一直挖时,经过一些反复后,会到达一个深度,至此我们再也不能够依靠我们的感官了,我们开始需要用抽象的事物。"

"抽象的事物?"

"实体如原子或酵素,有人见过原子或酵素吗?有没有人跟它们交谈过或触摸过它们呢?它们可能真的存在,但我们只是通过逻辑来认识它们,而不是通过我们的感官的直接信息。"

我从来没有用过这种方式来思考这件事,但显然这是正确的,我很高兴地说:"我选择了社会科学,这是好事,我不需要处理这些难以捉摸的推论。在念高中时,我对原子感到不自在,然后科学老师开始谈更抽象的东西,如质子和中子。现在我听到他们谈论初级粒子及夸克,而我现在接触的是较实质的东西,比如人类,我感觉舒服多了。"

他笑着说:"女儿,如果你对抽象的事物感到不自在,我恐怕你选错专业了。当我们面对的是人类,在首次下挖寻找'因'时,我们总是遇到这种抽象的事物。"没有等我回答,他解释说:"例如,以我们最近讨论过的例子作为例子,你有没有见过或触

第14章 清晰思考与赘述

摸过'保守倾向'呢?我们认识到保守倾向实际存在,不是因为我们直接通过我们的感官证实了它,而是因为我们通过我们的逻辑推断了它的存在。"

现在想一想,心理学针对的几乎所有东西,如爱或恨、动机及智慧,这些东西的存在都是通过我们的逻辑推断出来的。对父亲来说,它们必然像原子或夸克那么难以触摸。

"在清晰思考中,这些'抽象事物'有何重要性呢?"我问。

"重要之处是要小心,因为当我们面对的是一些不能以直接观察来核实的事物时,就很容易落入空谈的境地,很容易落入循环逻辑的陷阱,即赘述(tautologies),然后引向复杂的胡说八道之门就敞开了。伊芙拉,你知道什么是赘述吗?"

"我可以背诵你举过的例子,关于星体运行的圆形轨迹,但坦白说,我需要更好地理解它,令它跟日常生活联系上。"

他说:"我们正被赘述包围着,已经到了一种程度,我们对它已丧失感觉了,它在几乎所有谈话和报纸的文章中出现。例如,有这样一句话:'他们输掉了比赛,因为他们没有足够的取胜动机。'而在整篇文章中都没有直接证据来证明球队没有足够的取胜动机,现在你问自己:'为什么接受这个说法?我们怎么知道球队没有足够的取胜动机?'最有可能的答案是:'他们输掉了比赛,不是吗?'这就是赘述。"

我微笑,但不得不说:"我不相信我经常用这种荒谬的论点,起码在重要时刻不会这样做。"

"噢,你不会吗?"他笑着,一面望向树顶,"一位心理学家不久之前告诉我:'你不感到失望,是因为你压抑着你的失望之感。'我也懒得问:'你怎么知道我正压抑着我的失望之感?'因为答案大概会是:'我知道你正压抑着你的失望之感,因为你并不感到失望。'好一个循环狡辩。"

他发表完这个笑料后,继续说:"循环逻辑将清晰思考引入死胡同,你只要用上一次,从此你就被它阻挡,无法下挖至根源'因',相反,你只能在流沙上建筑你的堡垒而已。循环逻辑的问题是,它听起来有点道理,而当我们无法直接查证它时,我们就倾向于接受它为理所当然。伊芙拉,你只需想想,你曾多么确信我正压抑着我的情绪,而其实你并没有任何证据来支持你的看法。"

我想了一想,最后我问:"那么,如何才能避免用上循环逻辑?"

"让我先扩大你的认识范围。"

"这是个好主意。"我鼓励他,我主修心理学,我不需要上任何逻辑课,为什么父亲会以为我已全懂了呢?可能是因为他认为逻辑是一个有智慧的人的基本能力,就像清晰表达自己的能力那样。从这个角度看,他可能是对的,我迫使自己不去想这些了,集中精神聆听他要说的话。

他已全速发表意见了:"我要强调,循环逻辑并不意味为一个'果'提出的'因'是错的,它只意味着与人们的第一印象相反,该因果关系没有得到有力的证据支持。"看到我好像听不懂的样子，他赶紧举一个例子："我们产品的销售量正在下降，因为市场口味正在变化。如果这句话一字不改，它就是赘述的又一个好例子。"

"对，是个好例子，"我对赘述变得敏感了，我必须说，"这句话是没有说服力的，除了'市场口味正在变化'，我可以想出许多其他'因'，销售量下降，可能是由于经济衰退，或者市场出现新的竞争，或者我们的服务恶化，或者我们加了价，有那么多可能的'因'，以我们手中的资料看，没有理由倾向某个'因'而不理其他的。"

"你在用脑了。"他显然感到高兴，"现在，假设我告诉你，我证实了另一个'果'确实存在：代替品的销售量以等量增加，你认为，市场口味正在变化这句话作为这两个'果'的'因'，有效性怎样？"

我们产品的销售量正在下降，而代替品的销售量以等量增加，这不可能全属巧合。我大声说："现在，市场口味正在变化是我可以想出的唯一合理解释，但我仍然不知道这个'因'的'因'是什么。我不知道市场口味为什么会变，可能是因为我们的服务水平下降，或者因为我们加了价，也可能不是因为我们的任何行动，而是因为外部的因素，要破译它，就需要更多的资料，但我承认，我们产品的销售量正在下降是由于市场口味正在变化，这是常识而已。但是，父亲，你突然带出第二个'果'，我要怎样才能办到呢？"

"等你有了更好的基本认识,我们再来谈这个吧。"他向我保证,"那么,现在我们知道的是,每当你用上循环逻辑,因果关系都是无法证实的,而要变得有道理及合乎常识,事物就必须获得证实。要证实一个'因',起码需要另一个'果',而那个'果'是可以以直接观察证实的。此外,一旦一个'因'获得证实,你面对的再也不是死胡同一个了,相反,你的脑筋会飞驰,寻找更深层的'因',你正在下挖,找那最终的根源'因'了。"

我完全同意这种看法。

"你担心很难找出第二个'果',我们现在已准备好来处理你这个疑惑了。首先我得承认,你的担心是有理由的,因为寻找第二个'果'需要跳出思维的框框,这是指我们把自己的注意力只集中在原来的'果',以及我们猜测的'因',从而把我们困起来的那个框框。以上述例子为例,要得出第二个'果',我们就要看远一点,不能只顾我们的产品,还要包含跟我们的产品很不同的代替品。"

我试图消化这番话。"难处在于,如果我不能确定第二个'果'真的存在,我就可能选择留在框框内了,留在框框的令人感到自在的范围内,总比跳出来到未知的世界感觉更安全,由于另外那个'果'并非在框框内,因此我是不会找到它的,我将放弃搜索,仍一直被赘述困住。"

"正确。"父亲很高兴,"而你的最后一项观察说明了为什么固有简单性是那么具有助力。固有简单性认识到,当我们向下挖

第14章 清晰思考与赘述

时,各个'因'是会融合的,融合的意思是,每个有意义的'因'会导致超过一个'果',固有简单性的信念可保证任何有意义的'因'会出现起码两个不同的'果'。"

"我明白了。"

他继续说:"你也正确地指出了,一旦跳出框框,通常我们不知道要到哪里去,我们需要一个像牛顿那样水平的人来使我们的双眼睁开,让我们看到融合的道理。这个事实正好表明,在许多情况下,只要我们认不出共同的'因',我们就觉得那些'果'没有任何共通之处了,从而认为它们是属于不同的时空的。固有简单性的信念保证至少另一个'果'存在,我们只需要扩大搜索范围就可以找到。大多数人有足够的直觉,再加上这项保证,经过一些练习后,他们就可以很容易地找到更多的'果',来证实或否定所宣称的'因'。固有简单性开启了一扇核实抽象事物的大门。"

我欣赏人们的直觉,但我认为父亲的期望过高了,最令我困惑的是"很容易地"一词。但是,父亲深信每个人都有强烈的直觉,我知道如果我当面表示我不相信会令他不高兴,我以温柔的声调说:"既然你敞开了这扇门,请你陪我进入好吗?你可否举出你自己的实例?"

"没问题,我在每个我想及的情况下都用这个方法,不过,我是否应先为你总结一下呢?"他问。

这正是我所需要的:"请便。"

"你想知道怎样练习清晰思考,答案就在这儿,伊芙拉。要练习,你并不需要找一个题目然后找时间进行一个全面分析,这不是正确的方式,你应该利用任何机会来破译因果关系,无论是跟一个陌生人的随意交谈、你的丈夫对某事物的看法,还是你正在阅读的东西,你说你在不断地思考,这很对,但也意味着你应该不断地试图清晰思考。"

"有道理。"我同意。

"那么,每当你听到或读到'因为'一词,尤其是当'因'包含一个抽象的事物时,要小心了,即使说法的表达信心十足,你也不应认为它是正确无误的,甚至不要接受抽象事物本身为生活的事实,你应该认识到它只是一个假说(hypothesis)而已,或者换言之,一种猜测而已。现在你开始尝试找出一个预期效应(predicted effect),即同一个'因'所产生的另一个'果'。要记住,如果你无法找出另一个'果',那不是因为没有其他'果',而是因为你的思路过于狭窄,为协助你思考,试查看你得出的预期效应能否通过直接的观察加以核实,并花点时间进行核实。经核实的预期效应越多,相关的'因'的有效性就越高,你练习得越多,就越觉得容易。"他笑着补充说,"当你练习得足够纯熟,它就成了你的第二本能,人们就会开始称你为天才了。"

"不用担心。"我回应,"我的工作、房子和孩子们令我永远不能得到足够的练习,因为我永远不会有足够的时间来测试预期效应。"

第14章 清晰思考与赘述

"哦。"他说,"我恐怕误导了你了,在绝大多数情况下,需时不超过一两秒。"

"真的吗?"我大感惊喜。

父亲笑着说:"我们确实需要查证预期效应是否真的存在,但这并不一定意味着我们必须大搞测试,只需查看一下,在多数情况下,我们早已知道预期效应存在。"

我还是不相信,我说:"我想用一个例子。"

"你试试看吧,一个例子,最多两个,会让你知道我是对的。"

我继续直视着他。

他叹了一口气:"好吧,如果你坚持。"吸了一口烟后,他继续说,"为避免浪费时间,就选一个例子来显示我们有多么不愿意运用脑袋,反而愿意接受愚蠢的赘述,只因为每个人都相信它。此外,例子会显示我们是那么随便地对人们的行为妄下结论。"他给我一个眼色,问:"你听说过这句话吗:'人们抗拒改变,改变越大,抗拒越大'?"

我笑着回答:"我希望每次听到这句话时都会有人给我一个铜板。那么,这句话怎么了?"

"考虑到通常听到这句话的场合,你就可以闻到赘述的腐臭气味了。"

我以一个带点儿浮夸的语调说:"在实施 XYZ 上,我们正遇上困难,因为人们抗拒改变。"

他笑着说:"你表演得很不错,有顾问或经理的信心及权威

感,但这句话包含'因为'这个词,而那个'因'包含一个抽象事物,这意味着人们不应不假思索就接受这句话。嗯,让我听听你是怎样进行这次思考的。"

我尚未熟悉如何得出预期效应,所以我很谨慎,我说:"'人们抗拒改变'是什么意思?由于这句话没有任何附加解释,它其实在说在几乎任何情况下人们抗拒几乎任何改变,如果是这样,人们肯定会避免启动或避免积极投入会影响他们生活模式的改变——一个预期效应。"

"好。"他鼓励我,"现在,要更具体点了,人生最大的改变是什么?我的意思是,除了出生和死亡。"

要回答并不太难:"许多人都热切期待结婚或生孩子,从我的第一手经验来看,这些都是影响几乎人生每个方面的改变,是的,没有人会跳进这样的改变而没有某程度的犹豫,但从我那么多朋友的行为和态度来判断,我肯定不能称之为抗拒改变,恰恰相反。"

我在想什么时候人们真的抗拒改变,我正考虑如何描述它时,父亲说:"伊芙拉,我可以听到在你脑袋中的轮子全速转动的声音,放慢一点吧,我提出抗拒改变作为题目的第一个原因,是令你能够回答你的问题——你上哪儿去获取时间来验证预期效应?你可否集中在这一点,并尝试表达你的结论?以类似这句话的东西开始:'父亲,你是对的。'在许多情况下,预期效应并不需要我们花很多时间来测试,因为从我们的一般经验中我们已经知道它们是否存在。"

我不打算让他获得这种满足感,相反,我轻柔地说:"你忘了提及寻找预期效应的过程可能导致假说被宣告无效,而事实上,可能导致要承认假说犯了令人尴尬的错误,或者至少是不准确的。"

"正确。"他证实,"这就是卡尔·波普尔为科学所定的基础。在科学上,每项声明、每项假说、每个'因',只有在测试后,才会被认为是相干的,测试也有可能证明声明是不成立的,否则我们讲的不是科学,而是伪科学、巫术了。对,女儿,更多的时候,我们得出一个预期效应,而后来发觉它并不存在,那么,假说就是错的了。你可能找出 10 个预期效应并已证明它们存在,然后你多想一点,找出了第 11 个预期效应,但它并不存在,单单这一个已足以令建议中的'因'无效,越多预期效应获得核实,'因'的有效性就越高,但总会有可能明天来了一个预期效应,它最终被发现并不存在,我们永远不能确定某个东西是绝对正确的。"

我认为我懂了。"你已很好地表达了你的看法。"我向他保证。

"还没有,亲爱的,我还远没有表达完,我希望你能够在最后这个例子中学到另一课,我希望你能体会到,我们是如何漫不经心地把贬义的表征和图谋加到人们头上的。"

这是何所指?

看到我惊讶的表情,他问道:"'人们抗拒改变'这句话到底隐含着什么意思?它是否暗示人们在性格上的优点?难道你没

有看见吗？它其实在宣称，人们像受到计算机程序控制那样去抗拒改变，不论建议中改变的内容是什么，这句话当然不是在称许人们的判断力，这是一项贬义的声称。"

他继续说，声如洪钟："而这项声称却被几乎每个人接受，即使查看在我们四周的相关证据费时不会超过几分钟，那些证据表明，这项声称用最好听的形容词来形容是不准确的。你觉得这件事的主题是什么？"

"我只想到，人们保护自己的利益，他们很擅长这样做。"

"我的意思是，你对我们的文化有什么看法？这种文化毫不犹豫地以贬义的意识来看其他人，并鼓励这样做。"

我只扮了个鬼脸。

他显然不满意我的回应："不要以为我们不受它影响，我们是该文化的一部分，我们得承认，在牵涉人类的环境中，每当我们的直觉是在寻找一个'因'时，有很大的机会会得出一个贬低人们的假说，而我们的直觉只会让赞同该虚假假说的预期效应在我们的脑海中浮现，而把所有不赞同的预期效应筛选掉，如果你不防范这一倾向，你完成一份有意义的分析的机会是非常渺茫的。"

"父亲，我认为我是实事求是地看人的，我非常谨慎，我不提出——甚至在我的脑海里也不提出——没有真凭实据的贬义性责备，你要称赞我一下了。"

父亲看来有点不悦，他站起来，开始踱步，像老火车头那样释放出烟雾。我不动,最后,他停下来,问:"伊芙拉,你起码应该愿意测试自己一下吧?"

"测试什么?"

"有一个例子困扰了我很久,有一组人的行为我无法理解,你介不介意阅读这个例子的资料并尽力寻找可能的原因,解释该组人的奇特行为?"

"没有其他的了吗?我很乐意这样做。"

他站起来:"让我发给你相关报告。"

第15章

舒适区①

① 这是一份于2007年2月发给高德拉特机构传阅的报告,为了方便不熟悉TOC制约法的读者阅读,报告内容曾稍作修改。

第 15 章 舒 适 区

你有没有尝试过将人们分类为开放派和保守派,行动派和拖延者?经过 30 多年的努力来尝试促使各类型组织进行改变,这种分类在我(高德拉特博士)的脑海中是如此根深蒂固,以致对我的行动的确产生了重大的影响。我倾向于很早就决定我是否愿意帮助一家公司,决定的依据是我给最高管理层的分类,这次审计访问迫使我认识到,这种分类可能导致非常严重的错误,让我描述一下这样重要的结论是如何得出的。

这家公司在印度生产快速销售的消费品(Fast-Moving Consumer Goods,FMCG)(牙膏是 FMCG,而电动牙刷就不是)。我透露国家的名字,因为大多数没有跟印度做过生意的人(例如我,直至 3 年前)不易理解这个国度的规模。我想,指出在印度的 FMCG 店有 650 万家,已足以显示,不,这个数字没有打错,在印度的这些商店的数目比生活在我的国家的人口数目——包括婴儿在内——还要多。公司是中型规模,市场占有率接近 10%,在辽阔的印度市场,这仍然意味着,这家公司正通过 2 000 家分销商售卖它的产品,服务于 250 万家商店。

公司渴望增长,导致其处于危险的境地,它不去挖自己瓶颈的产能,反而走捷径,向外界购买所需中段产品[1]。

---

[1] 要了解情况有多危险,试设想一家生产汽车发动机的公司,发动机的最关键组成部分是汽缸,现在假设汽缸的生产出现瓶颈,制约了公司生产汽缸的数量,也制约了公司可以卖出的发动机的数量,捷径是从它的竞争对手中买入所需汽缸的量的 40%,采取这条捷径,公司正被它的竞争对手支配着。

　　为纠正这一情况，至关重要的是增加瓶颈的产量。用 TOC 的标准技术，正如《目标》(*The Goal*)一书所表述的，在项目开始后 6 个星期内，不需要做出任何重大投资，所有 4 家工厂的情况成功地颠倒过来了，再也不需要买中段产品了；相反，它们开始向其他制造商销售中段产品。

　　没有浪费半点时间，公司迈向改善计划的下一步，像许多拥有生产和配销的公司那样，这家公司并没有一个工厂仓库——所有生产出来的东西当天就运到大约 30 个区域仓库，由于区域仓库中每个 SKU 的未来需求量无法准确预知，这种做法导致产品在一个仓库中堆积如山，而在另一个仓库却缺货，跨仓库的输送已变为常态。我们的改善行动是那么快速，不久，各个新的工厂仓库已经就绪，并为近百个 SKU 储存正确的库存量，由于每家工厂的能力都有点重叠，各工厂仓库被当作一个单一的逻辑上的仓库来管理。

　　然后公司迈向下一步，它实施了根据实际消费补货的运作模式，以控制由工厂仓库至所有区域仓库的运输。如你所知，这不仅是一个修改计算机系统的问题，它牵涉如何改变经理的权限的更困难及更敏感的挑战，区域仓库经理不能再发号施令，他们不再向工厂发订单；相反，系统根据每个区域仓库向分销商的送货量自动向区域仓库补货。此外，区域仓库经理不再决定区域仓库的目标库存量；相反，目标库存量由系统决定并不断受到监控，区域仓库经理的责任现在仅限于管理好仓库本身的运作。

第15章 舒适区

库存下降，而短缺几乎消除了，系统真正的强健性在完成这一步骤后几个月已向整家公司生动地显示出来了。在一场季候风中，洪水毁坏了一个区域仓库的大部分货物。在过去，这样的不幸事件会严重打击该区域的供应。但区域仓库经理写了一份备忘录，说所产生的干扰出奇小，在一星期内一切就恢复正常了。

所有上述改善，以及因而带来的约10%的销售量增长，在改善项目开展后不到5个月就取得了。你将如何把这家公司的经理分类？你会把他们分类为开放派和行动派？以成绩为导向？我个人认为，在这种情况下，这样的形容词还不够强烈。

但是，故事还没有完。下一步，大家都知道，是把根据消费补货的运作模式由内部配销（从工厂仓库至区域仓库）扩展至外部配销（从区域仓库至分销商），在这个时候，犹豫首次冒出来了。

分销商不是该公司的雇员，每个分销商都是独立的事业单位，现在请试想想，找分销商，并建议他们改用这个根据消费补货的解决方案，这意味着什么。看这个问题的一个角度是我们拜访分销商，告诉他："亲爱的朋友，今天，作为老板，你决定我们应该送什么货来，你发订单。我们建议从明天开始，你每天向我们报告卖了多少货，由我们决定送什么货来，因此，我们也决定了你将持有多少库存。"

对这样一个提案，你预期分销商会做怎样的反应？最有可能的将是修辞性的问题，例如："你是认真的吗？！你是否在说，

你比我更懂得管理我的生意？！"

这确实在该公司的销售经理们的意料之中，特别是当他们考虑到公司以往丢失交货期的记录，以及不断施压试图把库存推给分销商的做法时，难怪在分销商是否会接受公司建议的问题上，有一定程度的怀疑和犹豫。

公司的销售队伍有适当的准备，补货方案的双赢性质获得强调（公司的赢和分销商的赢），销售人员参与构建争取认同的演示，广泛的角色扮演也进行了，68家最大的分销商被选定为初步努力的目标，这是在2005年5月启动和完成的。销售队伍很惊讶，所有68家分销商都（以不同程度的积极性）接受了提案。接下来的几个星期，公司的高级经理们很紧张，这是因为当那68家分销商持有的过剩库存被大举推出时，公司的产品销往那些分销商的量将显著下降。结果，销售上升了，并持续上升，每个人都松了一口气，直至2005年年底，补货计划已扩展至另外500家分销商，涵盖了公司超过65%的销售额，销售额的增长——相对于前一年——是30%左右，远远高于市场的增长。

让我们做一个中期总结，我们知道，当生产改善了，会对产品的可得性有正面影响，因而销售也提升了。我们知道，在工厂仓库储存库存，而不是将库存推给区域仓库，会进一步提高产品的可得性。我们知道，把内部配销及外部配销以根据消费补货方案运作，会将分销商的可得性提升至几乎完美的水平。所有这些改善的影响加在一起，导致销售额增长30%，而此增长并不牵涉

第15章 舒适区

任何开支或投资的增加（提高工厂产能的小额投资，以及建立工厂仓库库存所需的相对比较大的投资，被区域仓库库存的重大削减抵消），公司得到了破纪录的利润，经理们拿到了破纪录的奖金。

但是，正如你所知，这还不是路的尽头。迄今取得的所有成就，只是为下一步铺路而已，威力最强大的改善，以销售和利润的增长来说，是把补货伸展至零售商，这是最具威力的步骤，原因有两个。

原因一，在零售层面，波动是最大的，因此零售层面的短缺是最严重的，分销商及公司的仓库经受的波动较小，原因是聚合作用（aggregation）的影响，在零售层面消除短缺会导致销售的最大增幅。

原因二，在零售层面，有限货架空间和现金的压力是最大的，因此，零售商只持可得的SKU当中的一小部分，一家典型的小店持有约5个SKU（在印度，小店真的很小），在近100个可得的SKU当中，普通零售商持有10~20个。

补货方案一旦伸展至零售商，可减少缺货，同时减少库存，补货越频密，影响就越大——将交货频度由每星期一次增加至每天一次，实际上消除了短缺，同时将库存降至低于半数很多。库存如此大幅地削减，并了解到该公司的产品——相对于在所需现金和货架空间上的投资——实在卖得好，这将诱使零售商增加持有的SKU数目，大幅减少的短缺，再加上向每家零售商提供更

139

多SKU,对增加销售有重大影响。

光在上游供应链上的改善,已令销售额增长30%,我们期待下一个决定性步骤——将我们的解决方案伸展至零售,希望这一步起码可将销售额的增长变为双倍,这将是实施项目的转折点。

让我解释一下最后一句,假设一项保守的预测——将补货扩展至零售只能令销售额增长另一个30%,合并工厂产能的改善,可以很容易地导致60%的销售额增长而无须任何额外费用,公司产品的完全变动成本约占售价的60%,有效产出是售价的40%,这意味着,在实施项目的现阶段,公司纯利的增加(0.6×0.4)将是先前销售额的20%以上。改善项目启动之前,公司的纯利略高于行业平均数,是销售额的6%左右,现在预期可达20%的销售利润,这一表现水平在行业中是闻所未闻的,试想象一下,这对员工士气及股东的信心会形成多么正面的影响。

但是,要看真正的影响,我们必须看看这些改善对公司供应链的其他环节的影响,再看看所导致并打开的实质机会。

分销商正享受销售额增长30%及库存减少40%的成果。将补货伸展至零售所带来的销售额的进一步增长,不会导致分销商的库存有任何增加,这是由于供货给零售商的频度将增加(因此令分销商的需求变得平顺)。分销商的主要衡量指标是库存周转数,在库存周转数上改善10%,已被认为是非常好的消息了。分销商库存周转数的改善将超过250%(1.6/0.6)!这美妙的增长保证了公司不会有任何困难来吸引大量新的分销商涵盖印度市场的其

第15章 舒适区

余部分，令公司可触及的零售商由现在的250万家增加至650万家，这项扩展将再次令公司的销售额及利润做有意义的增长。

当我们审视将补货方案伸展至零售所产生的影响时，真正的、无限的潜力就显示出来了，我们的解决方案对零售商会产生任何影响吗？乍看之下，这似乎不大可能，因为公司的产品占零售商销售额的比例不到5%。

可否做第二次调查？卖FMCG的大型零售商主要是超市，也许你不知道一个事实，在西方世界里，2%的销售利润已被认为是非常好的了，超市在FMCG上的涨价额是15%～35%，但纯利少得多，原因是开支，以及更严重的——现行旧运作模式上固有的概念上的缺点。

不用太可怜超市了，考虑到庞大的销售量和相对较低的投资，2%的销售利润已令超市的生意非常不错了，印度小商店的涨价额比西方世界超市的涨价额低，而开支却小得多，两者的概念性运作模式及其缺点是一样的，所有这些的综合后果是，印度大部分小商店的销售纯利率不到1%。

考虑到如此微薄的利润率，以及明白商店卖很多种类的产品，每类最多只占销售额几个百分点，小商店店主自然会对哪个产品好卖、哪个不好卖极为敏感，并采取相应行动。在大型零售商中，主要衡量指标是每个货架的销售额，它指引哪些货品应获得较大货架空间，哪些要从货架上退下来。我们公司的产品的销售量增长为50%（这项增长不牵涉库存或货架空间的增加），必

然会将这些产品提升至零售商中最受偏爱产品之首,不管零售商的大小,店主都会这样做①。

零售商从售卖我们的公司的产品中经历如此正面的影响,肯定会欢迎公司的其他产品,尤其是当公司提供的是零售商传统上享有较高涨价额的那些产品时。将补货提案扩展至零售商,就会大大提高将新产品加快推到市场上的可能性。只有在将来,我们才会知道这个影响(对我们的公司未来的销售及利润的影响、很容易推出新产品并尽量利用优越的配销及销售能力所带来的影响)的良机是否被充分利用。

2005年11月,我很失望地发现,公司并没有花力气去扩展至供应链的下一环——零售,考虑到在这一阶段我已经被这家公司一贯的拼搏态度宠坏了,你可以想象,眼看这明显的拖延,我是多么气馁。2006年到来,日子一天一天地过,公司仍然没有启动任何动作来认真地针对零售商,难怪我开始向公司施压,起初是温和地,然后较不温和地,我们面对的状况可被描述为瘫痪。事实上,考虑到针对新举措的保留意见(认为跟零售商谈补货提

---

① 要注意很重要的一点,基于很多实际的理由,竞争对手是无法抗衡这个做法的,要仿效我们的公司是非常困难的,继续读下去,就可以看到阻挡着竞争对手的巨大心理关卡。竞争对手想以传统方式做快速反应(回扣、礼品或普通的减价)也不行,看看以下的计算就知道了。假设我们公司的产品只占商店销售额的2%,而商店的累计销售增幅只有60%,进一步假设商店的利润率很低,只有10%,竞争对手想在商店的利润上制造同样的影响,必须将他供货给商店的售价降低6%,这实际上把它的利润通通扫光了。

第 15 章 舒 适 区

案是徒劳无功的）的数量及强烈程度，这种状况可以更恰当地称为'活跃的瘫痪'，如果这个词并不存在，现在就肯定需要把它提出来了。

是什么原因造成在行为上这么大的改变？

我思考这个问题很长一段时间，一方面，我所有的经验使我相信，有些人的思维比其他人开放；另一方面，将人们分为开放派或保守派、行动派或拖延派会导致荒谬的结论，认为公司所有经理都经历了几乎即时的转变。

第 16 章

人都是好的

The Choice

第 16 章 人都是好的

有什么可信的原因可以解释这群人的行为呢?为了真正考验自己,我特意从我的脑海中抹去父亲的警告,反而专注于紧抓在脑海中首先出现的想法。这家公司的经理们现在已站在世界之巅了,他们已经令公司的表现提升至远高于行业中的其他任何公司,他们拿到了巨额奖金,大家都在赞扬他们的成就,也许他们已经满足了?

特别是当建议的下一步是一项庞大的工程时:向 250 万家零售商推出一个非传统的提案,是一项艰巨的任务。更何况,谁能向他们保证一定行得通呢?谁能保证方案一定可以导致销售额大幅增长呢?还是安全为上吧!

此外,你不能把一个配销中心拥有者的商业智慧跟小商店店主做比较,前者每个月流转很多钱,熟悉财务报表及计算机系统,后者甚至连计算机也没有,绝大部分小商店店主大概从来没有听说过"库存周转数"这个词,他们明白这个提案并愿意合作的机会有多大?难怪该公司的经理们待在那里,拒绝进行下一步骤。

我对情况的看法,父亲会做出怎样的反应?

他将把它撕得粉碎。

我声称,公司不动是因为不想让良好的局面冒风险。父亲将着重指出,这种假说根本经不起预期效应的考验。当项目开始时,公司的情况已经很不错,其纯利高于行业的标准。不想让良好的局面冒风险的经理们,大概不会改变他们已奉行了几十年、令公司成功的程序和政策。但事实是,他们热诚地改变了他们指导生

产的方式,他们大幅改变了配销的内部及外部运作方式,他们在不到一年的时间内就达成了这些改变,我不能说他们只是暂停,好让系统稳定下来,系统于2005年年底已在运行,停止不向前走达一年之久,不能被说成"只是暂停"。

但下一步的风险要高很多。

我可以清楚地听到,他会以带讥讽性的问题做反驳:是吗?在哪方面风险高了?投资于建筑工厂仓库曾被认为是一项风险;容许所有大型分销商把它们过剩的库存先消化掉也曾被认为是一项风险。而现在从250万家零售商中挑选出1 000家,向它们提出公司的新提案,看看它们的反应,何来风险呢?

那么,说服及处理250万家零售商,这一庞大工程又如何呢?这不能跟只处理30个区域仓库甚至2 000家分销商相比,这是一项艰巨1 000倍的任务。

我可以看见笑容在他的脸上伸展。"伊芙拉。"他会说,"对你来说,250万这个数字很骇人,但这已是该公司日复一日的现实了,该公司目前正服务于这些零售商。问问自己,我们要求公司做的事跟其经常做的事(如举办一次促销活动)究竟有什么区别?"

我在脑中把这一切排练过,是好事,可避免我的一大尴尬,把这些经理归类为逃避风险者是荒谬的,尤其当下一步的风险几乎是零时。

第 16 章 人都是好的

但是,重要的是,我认为我上了宝贵的一课,在我的脑海里最先出现的"因"都是贬义的、无法验证的;至于很具潜力的第二步,那些"因"其实都是责备而已。当我回想我对商店店主的看法时,我感到很不自在,我无视自己跟小商店店主们讨价还价结果自讨没趣的极丰富经验,这些人没有商业智慧吗?他们不懂得如何从我们的提案中抓取自己的赢吗?简直是胡说八道。

如果不是由于我必须向父亲解释我的答案,如果不是由于我知道他会分析它,我大概就会把我从猜测所得的"因"当作事实,那么,我将处于什么境地呢?在这种情况下,我会确信继续迫使他们进行下一步是没有意思的,我会大大降低我们要实现的目标而提不出什么理由;此外,我会更确信我应对我接触的人抱怀疑态度。

也许父亲是对的,也许我应该重新察看我们对人们的行为的认知。我刚才就开始想,当我们正处于一个没有可接受的妥协的冲突中时,我们是多么倾向于责备对方,但现在我也认识到责备人的倾向会伸展至远远超出相关冲突的范围。印度这个例子我并没有介入,我不涉及任何明显的冲突,虽然如此,我责备人的倾向、我提出贬义的没有事实根据的"解释"的倾向,仍然令我盲目,以致我几乎想放弃一个可达致惊人改善的上佳机会。

我知道父亲将会说什么,在我记忆所及的年代,他已在讲这个了,清晰思考的关键是,相信固有简单性,以及同样重要的,

相信"人都是好的";第二个信念导致一个做法——每个假说,甚至在被接受为一个合理的假说之前,都应先通过检测,确保它不具贬义。

直至现在为止,我只是排斥这个说法,作为一个心理学家,我知道人性是一场大辩论,有些人,包括弗洛伊德,声称人天生是坏的,有些人则认为人天生是好的,就像一块白板,他们后来变坏是受环境影响。我如何对待"人都是好的"这个说法呢?我所接受的专业培训的一半以上都是关于人们不好的行为的例子。

另外,父亲所采取的方式是务实的、有效的,如果我想提高我达致完美人生的机会,我得学习如何清晰思考,要做到这点,我必须克服一个障碍,即从责备别人及提出贬义性解释中寻找避难所的倾向,现在我更警觉到这个障碍是何等巨大及具破坏力,也许我应该重新思考我对人类行为的看法。

我会另找时间想一想这个问题,现在我想弄清楚一个能够解释这些经理们的奇怪行径的"因",我是一个组织心理学家,我应该可以得出一个很好的答案。

什么理由可以解释他们在实施项目初期与后期行为上的差别呢?各阶段本身是否有差别呢?最初的几个阶段需要进行重大改变,牵涉他们的公司,以及一些有紧密交往的公司——这都是他们非常熟悉的环境,也许这些经理们不想往前走,是因为下一步需要他们走出自己的舒适区(comfort zone)?

第 16 章　人都是好的

　　看来这个思路的方向不错，但我不想欺骗自己，只要我还未完全明白自己在说什么，我能够做的只是躲在浮夸的专业术语后面。

　　我宁愿我没有接受父亲的考验，但由于我已接受了，在屈服并阅读他建议的解决方案之前，我必须继续思考。

第 17 章

舒适区（续）

The Choice

第17章　舒适区（续）

高德拉特机构报告（接第15章）

　　一个来自普遍看法的可能解释是，人们的行为要视他们是否处于舒适区而定，当人们在他们的舒适区内运作时，你可以预期开放的思想及行动；当他们被推到舒适区外时，你就预期犹豫及抗拒吧。

　　就个人而言，我（高德拉特博士）很难接受这样的解释，除非"舒适区"这个名词有一个精确的定义，而且将舒适区跟态度连接起来的机制有清晰的描述。

　　什么是舒适区？

　　习惯上，一个人的舒适区被认为是一个他感觉受他控制（或起码他享有足够影响力）的地带，这可以解释我们公司的管理层的行为，只要他们针对的是他们本身的运作——一个他们享有全面控制的区，他们的行动会像闪电那样快，一旦他们必须走出公司的范围，到分销商那儿，犹豫的初步表征就冒出来了。但是，由于跟分销商的安排是以专营为原则的——分销商只卖我们的公司的产品，公司的管理层感觉他们对分销商有足够的影响力，于是他们就往前走（初期是审慎地，后来是进取地），但当进展至零售商——公司的产品只占零售商销售额的很小的一部分——公司的管理层就感觉他们肯定没有任何控制力甚至足够的影响力，就在这个时候，他们的行为改变了。

　　尽管上述解释跟我们在公司所见的所有事实吻合，但它同时也显示了，除非我们找到一个方法取得对零售商的一定程度的有

效控制力或影响力,否则管理层仍将裹足不前,这项预期跟我在许多其他状况下所目睹的有直接的冲突。举一个常见的例子,零件制造商卖货给另一制造商,在大多数这类情况下,竞争对手是很多的,而卖出的零件只占客户采购量的一小部分,这意味着供应商当然不享有任何对客户的有效控制力或影响力。尽管如此,在大多数这类情况下,我们没有重大的困难去说服供应商敲它们的客户的门,以提出一个异于传统的提案。

为了理顺所有事实——那些在该公司观察到的和那些在零件制造商那里观察到的,试审视一个看法,那就是,舒适区跟知识有很大关联,而跟控制的关系并不大。假设将一个人的舒适区定义为一个他有足够因果关系知识的区——知道行动可能会导致什么,知道对建议的反应可能会是什么[①]。

根据这一定义,推一个人到他的舒适区外,就是描述以下情况。

1. 提出(推)一个建议——要他采取一个具体的行动,以达致一个具体的有利效应。
2. 根据他在相关因果关系上的知识,他确信建议中的行动不可能达致该有利效应或达致的机会极低。

根据上述定义,很明显,当一个人看到的因果关系跟我们看

---

① 这些知识的确可以导致有能力有效地影响一个状况,因此舒适区牵涉控制力和影响力。

第17章 舒适区（续）

到的不同时，我们应预期抗拒。抗拒有多强烈呢？嗯，这要看是什么导致我们的客户相信他们现有的因果关系了。现在，我认为，我们应区别清楚两种不同的情况——一种是人们有经验；另一种是人们没有经验。

以上第一种就是当我们试图说服人们改变一个根深蒂固的实行了几十年的行为方式时，就像我们向这家公司的经理们建议改变他们的生产和配销。过去，我们认为这种改变是最难办到的，现在我不再这样认为了，这并不是说这变得很容易了，而是说另一种会难很多很多。

在第一种情况中，我们的客户的因果关系基于非常丰富的经验，他们的因果关系上的一些瑕疵，不是由于他们缺乏经验，而是由于他们在一个错误的范式中运作，通常他们以前的范式来自最优局部效益的考量。而我们的建议是以另一个范式的因果关系作为基础的，这就意味着，我们提出建议，就等于把他们推至他们的舒适区之外。为了充分了解这点，试想象，如果我们演示所需行动但不加解释，会有人依从我们的建议并实施那些改变吗？绝对没有！

这就是为什么在那种情况下我们首先要很小心地解释新范式的逻辑，并协助他们运用他们极丰富的经验来验证它。事实上，他们大量的相关经验可在两方面帮助我们：第一，正如我们所说的，他们可以利用他们的经验迅速核实及拥抱"新"的因果关系；第二，他们的经验可以帮助他们面对所需的那些细节，让我们可

以充分调整我们的建议，以适应他们的具体环境。

我们在可行愿景实施上见到的第二种情况，就不是这个样子了。在这儿，我们建议采取的行动涉及一个他们没有任何亲身经验的领域，在这种情况下，他们的因果关系只能从他们有大量经验的事物中推断而来，而这些推断可能是有瑕疵的，在极端情况下，有些推断甚至跟主题毫不相干。

举一个不那么极端的例子，我们要求公司将补货模式伸展至分销商，经理们的经验是基于他们公司的现实——库存周转数不被公司视为一个重要的衡量指标，它只不过是众多衡量指标之一而已，将这个经验引申至分销商的环境——在那儿，库存周转数的确是主要的衡量指标。这就导致一个看法，即对分销商来说，紧抓订货量的控制权不放比改善其库存周转数重要得多，难怪经理们无法预期他们的分销商的正面反应。不过，在这个例子中，公司管理层的经验的确涵盖库存周转数衡量指标，经理们的犹豫可以通过一个够好的解释被克服，令他们真正明白分销商所处的运作环境。

当我们建议将补货方案扩展至零售商时，反应就大大不同了。FMCG 零售商拿到 2%的销售利润已经感到很满意了，FMCG 零售商可以把一组只占其销售额 5%的产品视作其主要产品。印度的 FMCG 零售商已习惯于很低的毛利率（15%以下），FMCG 零售商的制约因素是陈列空间（及现金），因此，FMCG 零售商以每个货架的销售额作为最重要的衡量指标（正式地或

第 17 章 舒适区（续）

只是直觉地）。

我们公司的管理层在一个截然不同的环境下取得他们的经验：2%的销售利润会被认为是灾难；所有销售都主要来自两个产品系列；30%的毛利率会被认为非常糟糕；陈列空间从来不是制约因素（现金成为制约因素的机会也极罕有）。两种情况有一个极大的区别，令一个环境几乎无法推论至另一个环境，那就是，我们公司的管理层从来没有开发出在将每个货架的销售额作为衡量指标的环境下运作的直觉。

难怪当公司的管理层评估零售商对一个以补货方案为基础的提案可能做出的反应时，他们必然会得出一个错误的结论，认为这样的提案对零售商的吸引力有限，也认为一旦实施这个提案，出现任何困难时，零售商会马上断然决定不继续实施。

即使有人能够就零售商的运作环境做最佳解释，也不足以说服公司的经理们，因为他们缺乏所需经验来检查和吸收（对他们来说）新的因果关系，此外，充分调整我们的建议以适应具体的环境是需要具体的细节的，一次解释还远远不足以向他们提供一个扎实的参考基础。

当因果关系基于一个不相干的推论时，解释是不足够的，如果解释也不起作用，可以干点什么别的事来激发所需的改变呢？

让我们从什么是不应该干的来入手。不要妥协，遗憾的是，面对强烈抗拒——抗拒升级为"活跃的瘫痪"，推动改变的人的自然反应就是妥协，这是一个严重的错误，由于妥协的倾向如此

强烈,也由于人们往往把妥协跟采取谨慎行动传递信息混为一谈,因此让我详细解释一下这点。

妥协是用回扣或礼品来增加提案对零售商的吸引力。之所以说这是妥协,是因为它接受了错误的出发点,即补货提案本身对零售商的吸引力是不够强的。

妥协是照搬前一个环节的补货提案实施系统,而不想针对零售的具体情况花时间、分析及努力去调整提案的相关程序。之所以说这是妥协,是因为它接受了错误的出发点,即补货提案带来的效益不足以令调整程序所需的努力显得微不足道①。

妥协是现行交货到零售商的次数保持不变。之所以说这是妥协,是因为它接受了错误的出发点,即零售商认为补货提案的吸引力不够强,不足以令其愿意花点力气改变。之所以说这是妥协,是因为它接受了错误的出发点,即补货提案所带来的利益不足以令运输成本的增加变得值得。这个妥协特别恶劣,因为它把解决方案的核心也放弃了,它把所引起的销售量大幅增长打掉了。

什么是不应该干的,我希望大家现在已经比较清楚了。永远不要在出发点上妥协,永远不要接受那些错误的因果关系来作为改动提案的基础。

作为开始,应有效地解释一个新的领域或状况,这个领域或

---

① 当零售商持有不到 20 个 SKU,而每次送货到店的量只是货车载量的极小部分时,要他们用配销上用的计算机系统而不是一个审慎的人工操作系统,是很麻烦及浪费的。

状况关乎建议中的行动,而管理层还没有相关的第一手经验。有效解释是指提供事实来证实正确的因果关系,同样重要地,利用那些事实来证明他们目前的推论是不成立的。不要指望他们会全面拥抱新的因果关系,你可以指望的是,管理层开始怀疑他们的推论的有效性,并开始思考一个可能性,那就是,你演示的因果关系可能是有道理的。

案例,如果跟他们的状况足够相似的话,在这一阶段可能是有帮助的。不过,如果它触发了"但我们的情况是不同的"这样的回绝,也不要太惊讶。即使他们完全认同你,你还必须留意到,他们没有所需的经验,因此要他们完全吸收新的因果关系,对他们而言是有点苛求了,而如果期望他们有能力构建所需的详细修改,你就是愚不可及。

基于上述原因,下一步应该是启动测试,测试不应被视为一种拖延战术,虽然很多测试就是这样,测试应被视为决定性的一步,以决定公司未来的行动。因此,作为测试的决策的一部分,测试执行委员会应该要求定期审查成果,否则测试的重要性会下滑,甚至再也没有人费心去分析成果了。

设计测试是为了达到以下两个目的,这点很重要。

1. 看看提案的接受/排斥程度。
2. 尝试以数字来表示成果的大小,如销售量的增长。

必须协助管理层设计这些测试,否则严重的错误可能会发

生，会把现实也扭曲了。

例如，在以上第一个目的上，可能的错误是，公司的经理们不知道，在许多大型零售商中，主要的瓶颈在卸货区，送货次数增加，大型零售商会担心卸货区负荷过重。这项犹豫可能会被解读为对补货提案的犹豫，因此公司可能得出错误的印象，以为补货提案对小型零售商比较适合。

关于以上第二个目的，一个可能出现的错误的例子是，对库存下降的影响没有充分的认识。在大型零售商中，很重要的一点是，任何未来的库存下降必须跟一项承诺挂钩，那就是，目前的陈列空间保持不变，否则销售量的增长在一段时间后就会不保。对于小型零售商，很重要的一点是，任何未来的库存下降必须跟一项承诺挂钩，那就是，零售商持有的 SKU 数目要增加，否则销售量的预期增长的一半就可能无法实现。

这样的例子还有很多，但真正的问题是，当人们被推至他们的舒适区之外而又没有经验来评价我们的建议背后的因果关系是否会带来好处（这些因果关系跟他们假设的有直接矛盾）时，进行解释是否就足以令他们愿意投入所需的大量时间和努力来启动、监控及分析一项测试呢？爱德华兹·戴明博士多次表示，重做一项工作比首次就正确地做那项工作难得多。在这家公司中，我们对初期的抗拒所做的反应是妥协，现在需要重做，而我们已经损失了近一年半的时间，仍然有可能令一切重上轨道吗？

我尝试了，用了近两小时，我解释了零售的现实，我解释了支配着一切的因果关系及每个货架的销售额这个衡量指标的角色,我甚至在会议完结前给了一个类似环境的案例,我建议进行一项测试,阐述了它的细节,并指出什么样的成果应该触发什么样的结论及行动。

会议是有效的,在两星期之内,不需要我们给予任何进一步的鼓励,公司已经开展了大规模的(规模有点过大的)测试。

我在这个例子中学到了很多,懂得在什么情况下必须坚持进行测试。令我很高兴的是,我不需要改变我对人们的看法,人们的行为并不是任意的,开放的人不一定会认同我,尤其是当他们认为我的论据没有意思时,但开明的人会聆听,而如果我进行解释(重要性也够高),他们就愿意重新评估他们的因果关系。

第 18 章

情绪、直觉和逻辑

第18章　情绪、直觉和逻辑

"父亲，我认识到，所有我们谈到的，都仅仅是个开始，一定还存在着一些技巧，能够针对特定的环境，帮助我们更快、更清晰地思考问题，而这些技巧当中，有些我已使用多年，但更多的只是刚刚听到。我也意识到，我们的谈话对很多我们尚未触及的领域也是深具意义的，但仍然有一件事情困扰着我，让我不禁怀疑你的表述还存在着一个根本性的缺陷。"

"好极了！"他说，"我没有浪费我们的时间，至少你已经学会了，不仅仅因为有人——任何人，很权威地提出一个说法，你就贸然接受，要永远保持警觉，凡事思考，不断地检查你的假设和结论是否得到了现实的验证。"

"这正是困扰我的地方，作为一个心理学家，我被教导要专注于人们的情绪和心理障碍，但对你而言，要专注的都是冰冷的、现实的逻辑。"

"嗯……如果这就是你得到的印象，那可能真的有一个根本性的缺陷存在于我的表述中。"

他埋头清理并重新填满烟斗，我耐心地等着，最后他开口了："伊芙拉，逻辑不是存在于真空中的，要进行任何逻辑步骤，我们必须不断从直觉中为逻辑提供关联。你有没有发觉，找出假说或预期效应的唯一方法是靠直觉？你怎样揭示一个假设呢？还是靠直觉。"

我还没有得到答案，所以，我等待他继续。

"而直觉来自情绪，我们不会对我们不理会的事物产生直觉，

简而言之,我们,作为人类,是站在一张有三条腿的凳子上:情绪、直觉和逻辑,想认真看清楚我们所谈到的每件事是怎样联结起来的,就让我们从情绪开始,每个人都是有情绪的。"

"好。"我同意,"但那并不代表我们都是一样的,不同的人面对不同的事物会产生不同的情绪,每个人感兴趣的东西也不同,这也是为什么一个人极重视的机会及成就跟另一个人极重视的机会及成就,完全是两回事的原因。"

"正是如此,这项观察凸显了一件很重要的事情,你和其他所有人一样,对你最重视的领域有最强烈的直觉,这点很容易接受吧?"

"对,但是,父亲,这不代表我有了足够的直觉去达到我想达到的高度。"

"那么,你就把直觉开发出来吧。"他回答。

我还没来得及跟他辩论直觉和脑力能否开发出来,他问了我一个问题:"你有没有注意到,当你在一个领域运用逻辑,能够对该领域深入了解,甚至能够打破它的核心冲突,令情况大大改观的时候,另一件事情也正在发生呢?在该领域,你的情绪高涨了。"

"我当然注意到了,不止一次呢。"我迫切地等待他继续。

"看,不断锻炼清晰思考,会产生什么必然的结果呢?很自然地,当我们锻炼清晰思考时,我们不会给予所有事物同等的关注,只会专注于我们感兴趣的东西,现在假设我们运用已拥有的

第18章 情绪、直觉和逻辑

直觉来发掘逻辑,我们越能够清晰思考,我们对该领域的情绪就越高,情绪越高,所得的直觉就越强烈,直觉越强烈,成功运用逻辑的机会就越大,而获得好成绩的机会也就越大。而且,因为这些成绩是在我们感兴趣的领域取得的,它们在我们眼中是有意义的,成绩越具意义,情绪就会越高,如此循环下去……"

我想了想:"你所描述的是螺旋式上升效应,现在我明白为什么你会确信所有人都有足够的脑力和直觉来达致完美人生,不论起始的脑力和直觉水平如何,只要锻炼清晰思考的能力,螺旋式上升效应就会将它们带上新的高度。父亲,你对人生的看法,是我听过的当中最乐观的。"

"乐观?我是我知道的人之中最谨慎的一个了,我从不心存侥幸,我总要设法确保纸牌的叠法对我有利,我在安全网之上再加安全网,你说我乐观?你是怎样得出这样的结论的?"

我笑着开始数指头:"第一,人都是好的;第二,所有冲突都可破解;第三,所有情况,不论最初看来有多复杂,其实都极其简单;第四,所有情况都可以大大改善,甚至连天空都不是极限;第五,每个人都可以达致完美人生;第六,总有双赢的方案,还要我继续数吗?"

他笑了:"伊芙拉,你知道一个有经验的乐观主义者是什么吗?"

悲观主义者?

"那是可能的答案之一,另一个是'务实的远见者',你想成

为哪一个,这个由你抉择,还有,伊芙拉,这六点听上去很乐观,但别误以为很容易。你看,你刚才罗列的各点,更深层的意思就是,你再也不能够靠责备他人、责怪环境,或者说事情超出了你的控制范围甚至非你的能力所及,来给自己寻找一个避难所了,你必须对自己的人生承担全部责任,这会带领你走向完美人生,但肯定不是安逸人生,事实上,我必须放弃人类最大的享受——抱怨和呻吟所带来的享受。"

我笑出声来,并向他保证:"我愿意付出这样的代价。"

伊芙拉·高德拉特-亚殊乐的
注解

The Choice

第 1 章　我们有哪些选项

- 我必须老老实实地回答：我到底要什么——安逸人生，还是完美人生？

- 假设我选择努力达致完美人生，这意味着什么？这意味着，我将尽我最大的努力来取得足够多的成就，而这些成就对我来说是有意义的。

- 成就是无法保证的，我难免偶尔会跌倒，如果我真的想取得足够多的成就，我必须培养毅力，每次都能爬起来，然后再试一次。

- 父亲把新的举措当作原型，在科学家眼中，原型失败的机会是很高的，但还是有用的，只要我们能够从失败中学到下次怎样可以做得更好一点。我不知道当我失败时，我能否避免失望之感，但如果我想培养毅力来克服失败，似乎像科学家那样清晰思考，会有帮助。

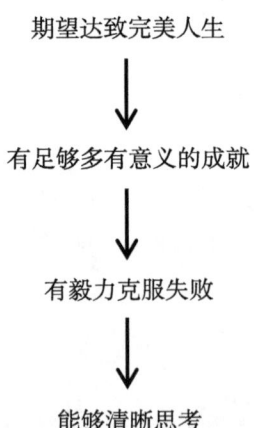

伊芙拉 高德拉特-亚殊乐的注解

- 如果我想有足够多的成就，我还需要另一样东西——我需要碰上很多机会，毕竟我不能指望把每个机会变为成就。
- 我倾向于相信：一个人是否有足够多的机会不光是由他自己来决定的。一些幸运的人会碰上很多机会，而我们大多数人碰上的并不多。
- 但父亲声称，人生带给每个人一个又一个可以转化为机会的境遇，他说，问题不在于机会有否敲我们的门，而在于我们能否在与机会擦肩而过时辨别（或产生？）出它们。
- 当一个人对一件事情的因果关系有很深刻的理解时，他的准备是比较好的。准备是指当一个机会浮现时，他就能够辨别它并采取行动，这就是父亲所称的 "好运气就是机会碰上了充足的准备"。这听来很有吸引力，这肯定将令我更好地主宰我的人生，而不是将一切交由运气来主宰。我已经看到，这一概念对他来说是可行的，我想知道对我是否也同样可行……
- 要构建因果路线图，本质就是要清晰思考，因此，想构建克服失败的毅力和辨别机会的能力，似乎都需要懂得清晰思考。

到现在，我才开始掌握父亲很久以前就已告诉过我的，他说，他做出的最重要的抉择是决定在所有重要的人和事上要清晰思考，包括家庭、朋友和工作。他基本上是在告诉我，他是多么注重达致完美人生。

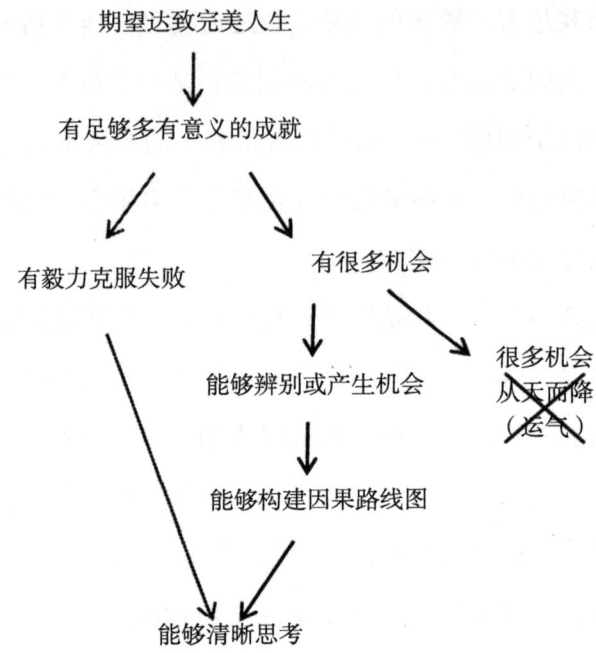

- 我不认为我能够办到,我不是天才,只是一个普通人,我没有构建清晰的逻辑路线图的脑力。
- 父亲(当然)宣称这跟是否天才无关,他说这只关乎克服一些基本障碍而已,关于这点,他需要花不少力气才能说服我。
- 他说,首先出现的、最艰巨的障碍是,人们认为现实是非常复杂的,但其实出奇简单。
- 因此他们寻找复杂的解释及复杂的解决方案。这点我同意,这种现象我经常碰到。
- 我还看到这如何联系到人们的一个信念——他们无法迈

开脚步，就是因为他们所知不多。这驱使他们花大量时间寻找更多的资料，就像我的一些朋友，每次一个新的机会来了，他们的反应就是马上报读又一门课程。

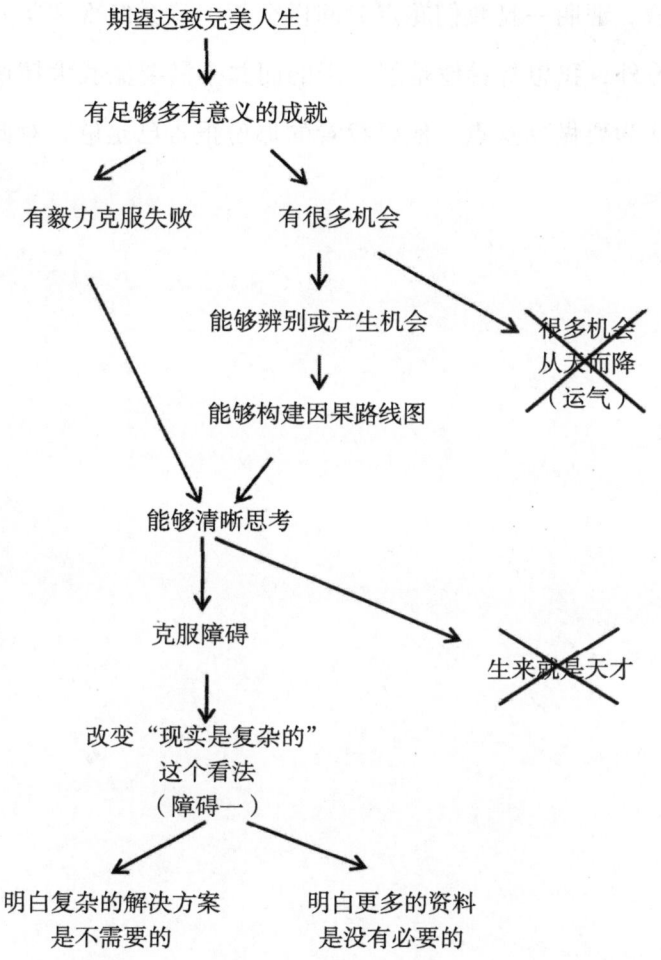

我的确相信，现实是复杂的，我们没有任何选择，只好寻找大量资料并制订很复杂的计划。父亲说其实一切已在我们的脑子

中,他说的有道理吗?难道现实其实真的很简单,只不过是我们对现实的认知出了问题?哇,要说服我认同一切已在我的脑中不那么容易,但作为第一步,我倒希望他找一个复杂的例子,然后展示给我看,证明一旦我们花点时间做分析,就会发现现实其实很简单。另外,我想看看他是怎样干的而并不需要派我大搞调查研究。他认为要做到这点,他要我看的那份报告已足够,对此我有点儿怀疑。

伊芙拉 高德拉特-亚殊乐的注解

第3章　人们为什么不按常识办事

这家服装公司的运作肯定符合我对复杂的现实的定义,但我必须承认,当我读完报告后,我得到的印象有点不同。

- 这样的机构一定是很复杂的了,我初步的假设是,如果不尽量知道多一点,我是无法深入了解它的运作的。我也认为,一旦有了足够的资料来明白它的运作,我将看到,在如此复杂的机构中,一定有复杂的程序来管理它的运作。

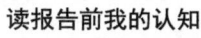
读报告前我的认知

现实是极为复杂的

我几乎什么　　现行的程序
资料都没有　　很复杂

- 跟我想象中的情况相反,我确实已有了大部分我需要的相关数据来明了那份分析,我知道我不能指望每份分析都这么容易明白,毕竟作为一个自命不凡的购物者,我对服装的确颇有见识,至少比对半导体的认识多。我抓到方向了,我得承认,我其实已有比我预料中多的数据,缺乏数据大概不是阻止我清晰思考的障碍。

- 我也开始看到,人们认为现实是复杂的,这导致他们定出复杂的相关程序。根据一个含糊的一年半后的预估服装消费量来运作,这整个想法似乎是扭曲的,尤其是我现在已知道了报告所表达的另一种运作模式。现在想起来,我也相信,他们多个旨在降低成本的改善项目大概会比只专注于一项改善的项目更复杂。从所涉及的金额判断,我必须承认,父亲建议的解决方案的威力要比他们所有改善项目加起来还要强大得多,但简单得多。
- 我开始理解父亲的话的意思了,他宣称:一旦我们破译了深层的因果关系,现实看起来就简单得多了。

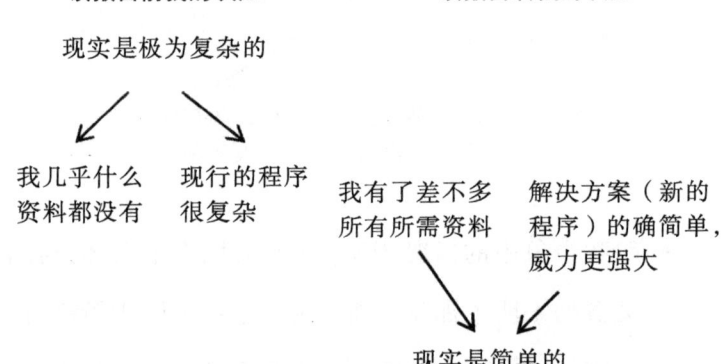

那么,是什么东西阻止我在我的人生中运用这种思考方式呢?我有一种感觉,我正面临着一些关卡。父亲说,这一切源于我认为现实是复杂的,让我们来看看是否如此。

- 如果我相信现实是复杂的，那么我就会相信，问题也是复杂的，特别是大的问题。当我不得不寻找一个解决方案时，我将很自然地寻找一个复杂的。
- 麻烦是，复杂的解决方案通常是行不通的，因此，一次又一次地，我解决不了那些问题。
- 难怪最终我认为大难题是无法解决的，我应接受它们为现实的一部分，然后继续前进。然而，它们仍在不断制造伤害，那么，何不减轻痛苦——干脆反过来把它们描述为正面的东西。好一个自我保护的老机制，看来似乎第一个阻止我进行清晰思考的关卡，就是我已在掩饰那些重大的、持续存在的问题，就像"大品牌"公司那样。

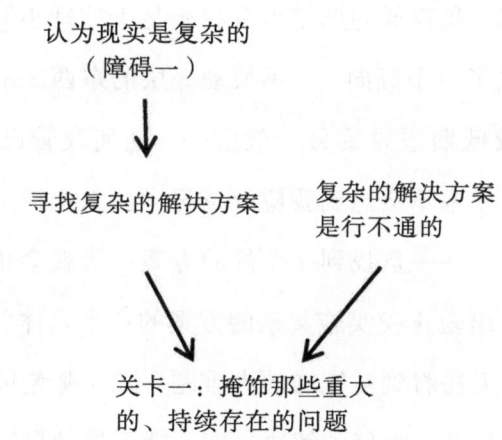

- 认为大难题是无可避免的，这就意味着要降低对自己的期望才是明智之举。

- 现在，如果我掩饰那些大难题，但仍然希望令局面好一点，我就会理所当然地专注于处理一些小问题，处理的越多，感觉越好。
- 但处理小问题而不是重大的难题，是不会令我走多远的，尽管我很努力，我只能拿到非常有限的成果，因此，慢慢地但肯定地，我会降低对可能达到的成果的期望。
- 现在想起来，认为现实是复杂的，这个认知对我还有另一个影响：它令我心中产生恐惧，担心如果我改变一些基本的东西，就可能令大局崩盘，还是小心一点，总比事后后悔好。这就牵出了第二个阻挡着我的关卡——我不愿意动底层的东西。
- 我猜想，我较低的期望也令我满足于处理小问题，这进一步加强了一个倾向——不要动底层的东西。
- 我的较低期望导致另一效应——任何改善已令我感到很满足，根本不会想到我应继续努力向前推进，这就是第三个关卡——一旦找到一个好的方案，我就会止步。

我能够找出阻止我实施父亲的方案的三个具体关卡，我感到很自豪：（1）无法看到被掩饰的大难题；（2）避免挑战底层的东西；（3）一旦找到一个好的解决方案，就不鼓励自己继续探索更佳的解决方案。

伊芙拉 高德拉特-亚殊乐的注解

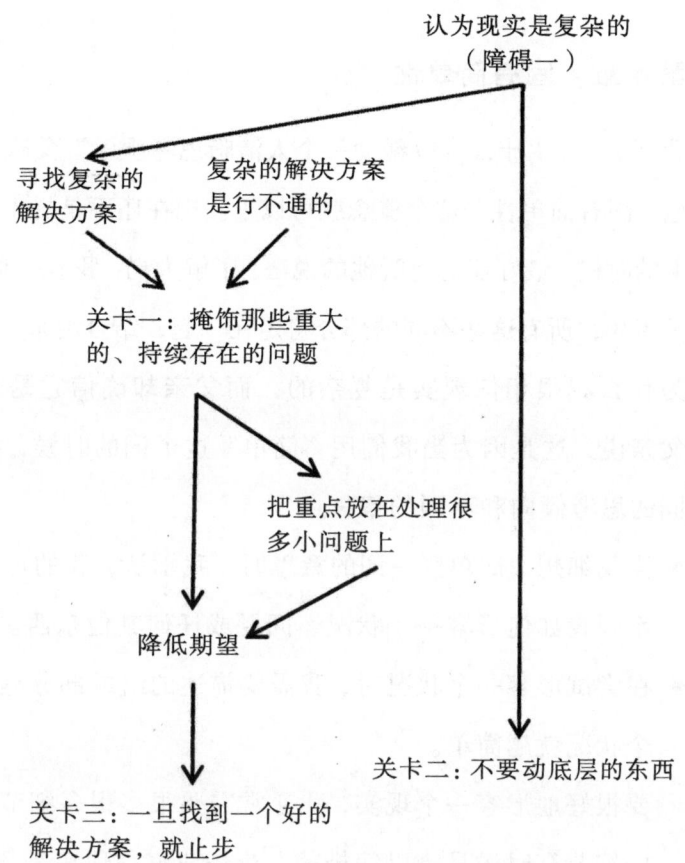

现实是简单的，这个认知如何帮助我克服这三大关卡中的任何一个呢？

第4章　固有简单性

我问父亲:"什么可以帮助一个人清晰思考呢?"父亲说,只要拥抱"固有简单性"这个概念就可以了。现在还不是提出我的三个关卡的时候,最好还是听听他的说法,了解大局。我有一种感觉,用不了多久,所有这些不同的部分将走在一起,结合起来。

为什么我很相信现实是复杂的,而父亲却确信它是简单的呢?父亲说,这是因为当我们用"简单"这个词的时候,我们有着不同的思考倾向和不同的聚焦点。

- 当我细想"简单"一词的意思时,我承认,我的定义是联系到我如何形容一个状况、问题或任何其他东西。
- 在尝试形容一个状况时,我需要描述的组成部分越少,那个状况就越简单。
- 要很好地形容一个现实,我通常需要很多很多细节,而这些细节有时候是难以编排的,难怪我宣称现实是复杂的。

主要聚焦点:
状况的描述

⬇

"简单"是指较少
组成部分

⬇

普遍看法:
现实是复杂的
(障碍一)

伊芙拉 高德拉特-亚殊乐的注解

- 父亲说,"简单"是指完全不同的另一回事,这跟科学家们的做法有关,他们尝试更好地了解一个系统／状况,并预期一项改变会产生怎么样的效应。
- 为获得更好的了解,科学家们花大部分时间揭示联结系统各组成部分的因果关系箭头,在他们的眼中,找到的根源"因"越少(自由度越少),系统就越简单。从他们的角度看,"简单"意味着触动少数的点就可以影响整个系统。

现在想起来,相对于描述现实,我更感兴趣于能够预示及影响我的现实,而我相信很多人都是这样想的。

- 固有简单性其中一个重要特点是,当我们问"为什么"的次数足够多,而在一个课题的不同组成部分都这样问时,我们会渐渐发现,不同的现象都可以由同一的深层"因"解释,因为各个"因"最终是会融合的。
- 如果"简单"意味着更少的"因",那么,我们挖得越深,我们会看到越多的"因"融合,最后得出的结论必然是,现实其实很简单。

我想我开始明白了,现实可以同时被看成复杂的和简单的。假设我遇到一个头痛的问题,为了更好地了解它,我尽量获取相关的资料——我听到的细节、投诉、不良效应越多,情况就显得越复杂。但是,如果我也学会了深挖至造成这一境况的各个不良效应的"因",我应期望各个"因"会开始融合,我最终将聚焦于核心问题,好让我来解决它。如果我懂得怎样有系统地做到这

177

点，情况就会变得简单得多了，嗯。

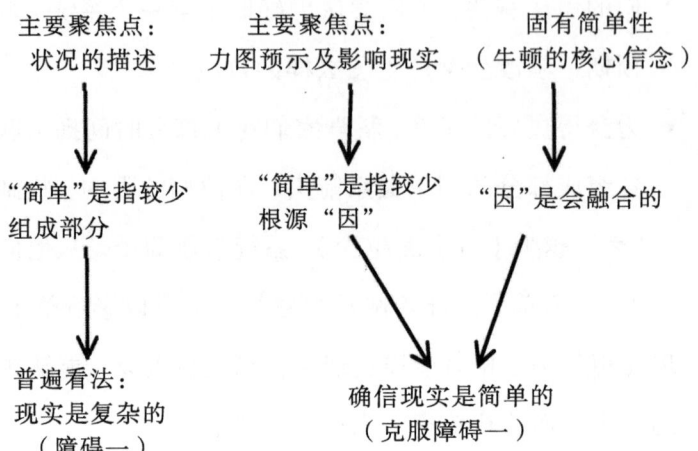

伊芙拉 高德拉特-亚殊乐的注解

第5章　矛盾和冲突

- 冲突是存在的，这点毫无疑问。
- 当我们面对冲突时，我们的自然倾向是寻求妥协，即采取中间位置——拿一点，也给一点。我肯定会这样做，我认识的大多数人也是。
- 如果我们能够找到一个可以接受的妥协，很不错，但如果我们找不到一个可以接受的妥协，我们就被卡住了，我们可选择为我方力争或放弃，或者在不同选项之间跳来跳去，但我们基本上陷入了一个我们不想陷入的境况当中，这说来有点尴尬，但我们被卡住的次数要远比我们愿意承认的多。
- 这就是为什么人们的普遍看法是冲突是无可避免的，我们只好与它们共存，我们接受这一现象为生活的事实，这就是父亲所指的清晰思考的第二个障碍。

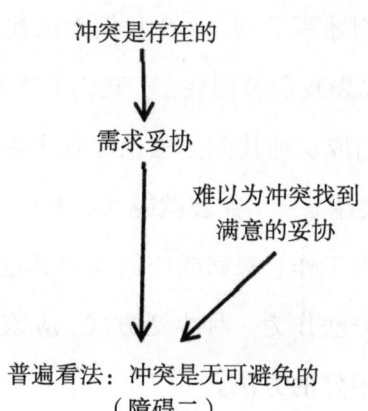

- 固有简单性的一个主要概念是,矛盾并不存在。
- 当我们遇上矛盾时,我们挑战它,找出并查验它的深层假设,直至我们弄清哪个假设是错的,除掉该错误假设,就可消除矛盾。
- 关于冲突,我们需记住的是,它只是一种状况——我们需要的两种东西互相矛盾;冲突是,我们希望得到两种东西,而它们同时是相互排斥的。我希望状况包含 X,而我的对手却要状况包含相反的东西;或者,如果它是一个内部冲突的话,为了满足不同的需求,我同时想要 X 及它的对立面。
- 因此,如果冲突就是当我们想要互相矛盾的东西,而矛盾是可以以挑战矛盾的深层假设来消除的,那么,我们实际上是可以用处理矛盾的方法来处理冲突的。我们需要懂得,当我们遇到一个无法找到满意的妥协的冲突时,我们应努力挑战它的深层假设,设法完全消除冲突,而不是搞妥协。
- 我再想一想刚才写下的,一个我们无法找到像样的妥协的冲突,其实代表我们被困住了,我们力求出路,想跳出去,因此,当我们成功地找到方法消除这个冲突时,这就是一项突破,冲突越恶劣,突破就越大,所产生的机会就越多,不管这发生在工作、家庭或任何其他具重要性的领域。实行这个思考方法作为一种生活方式,应该是产生有意义的机会的一个很好的方法。

伊芙拉 高德拉特-亚殊乐的注解

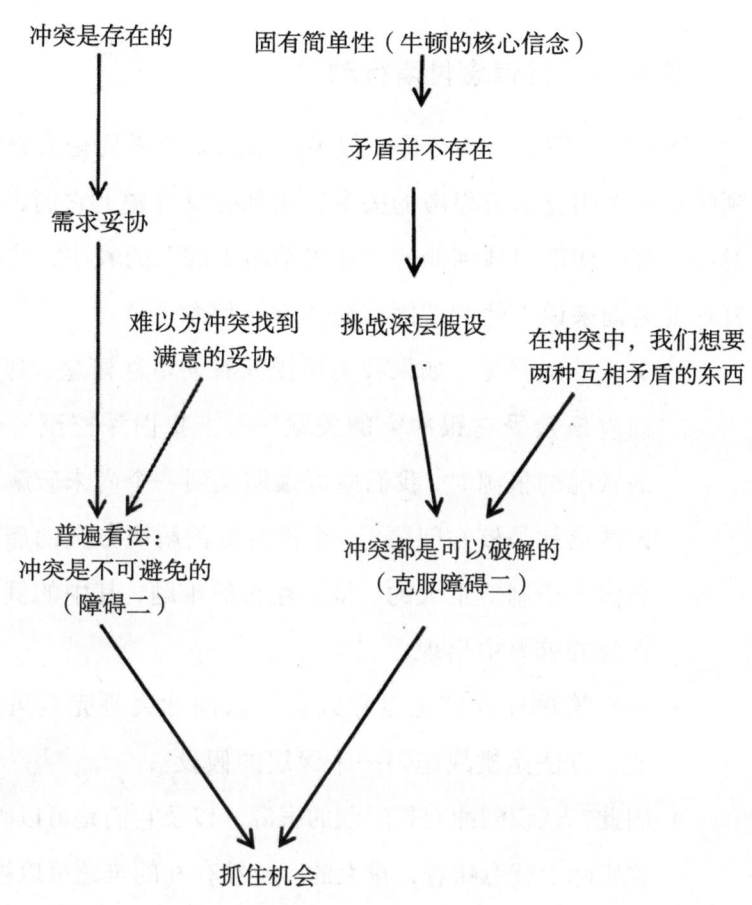

第6章 将信念付诸行动

不用说,我觉得很奇怪,似乎父亲从来不需要奋力克服我找到的那三个阻止清晰思考的关卡,他真的没有碰上它们,而他是对的,这一切都归结到他的"现实是简单的"的看法,或者用他喜欢的名词来说,他的"固有简单性"信念。

- 父亲的解释是,如果我们接受固有简单性概念,那么,我们应该接受它跟冲突的关联——当我们深挖至一个麻烦的状况的根源时,我们应可预期找到一个尚未破解的冲突该冲突就是核心问题,一个没有好的解决方案的痛苦冲突会倾向于制造重大的、持久存在的难题,其中的例子不断在我的脑海中出现。

- 固有简单性的信念也导致我们认同冲突是完全可以破解的,方法是挑战起码一个深层的假设。

- 因此,认识到冲突是问题的根源,以及它们是可以破解的,这实际上就意味着,重大的、持续存在的难题可以被消除。

- 如果重大的、持续存在的难题可以被消除,我们就不需要跟它们作战并被击败,然后勉强地接受它们为现实的一部分,我们不需要靠掩饰它们来逃避痛苦。

- 冲突是问题的根源,而冲突是可以破解的,这一道理的另一效应是,寻找这些冲突变成一项标准程序,每当一个问题恶化至值得认真思考时,标准做法应该是看看问题的底层是什么——寻找根源"因"。

伊芙拉 高德拉特-亚殊乐的注解

- 正如父亲所说的，小问题跟根源"因"的关联，相对于重大的、持续存在的难题，是比较弱的，因此，从大难题入手寻找根源"因"，是比较快速及有效的方法。
- 现在，一切都联结在一起了：如果标准程序是寻找根源"因"，重大的、持续存在的问题是快速门路，而掩饰那些问题是没有必要的，那么，我就明白了为什么父亲并不急于寻找小问题，他只聚焦于大难题，实际上把其他一切问题拨到一边去。好哇，他刚向我展示了，从他对固有简单性的信念出发，第一个关卡的反面是存在的。

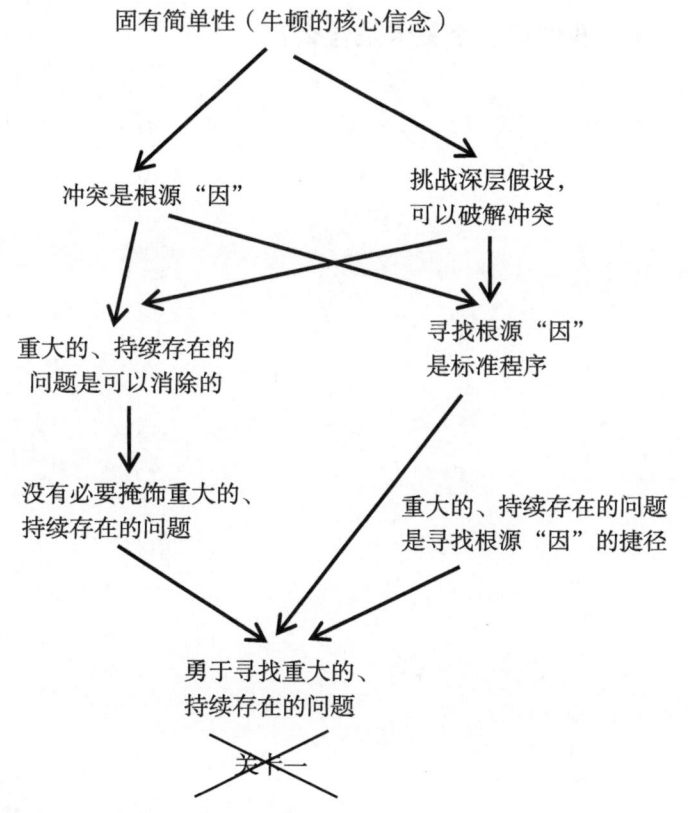

- 冲突是问题的根源，而冲突是可以破解的，这个道理还有一个效应：破解冲突是靠挑战冲突下面的假设，这就意味着，我们针对的东西比该冲突还要深层，我们来到根中之根了。因此，不可避免地，在底层进行改动变成了标准程序，我的第二个关卡飞到窗外去了。
- 改动的位置越深层，越多新的有趣的影响会出现，这对我来说是有道理的。我很了解父亲，难怪他不断探索，他抓出的也可能是负面影响，他需要因此而修改他的方案，但在他举出的例子中，他最终反而因此得出另两个解决方案。我的第三个关卡是什么？

伊芙拉 高德拉特-亚殊乐的注解

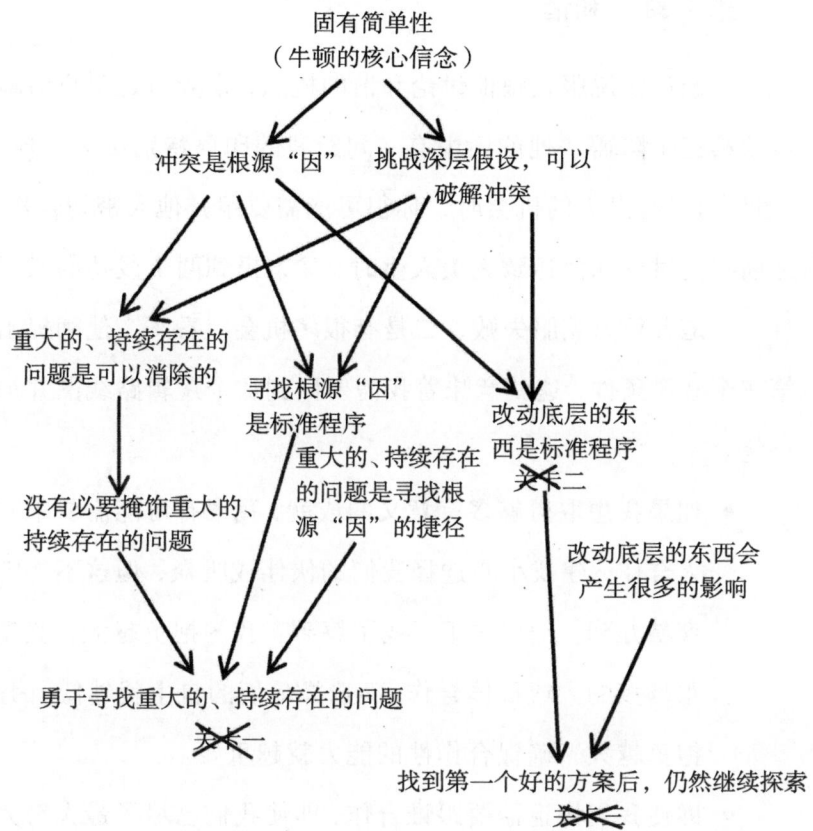

当父亲解释这个问题时,一切变得那么简单,为什么我感觉这三个关卡仍然在那儿呢?就像健身一样,父亲说,练习,练习,再练习。他从来没有说过,达致有意义的人生很容易。

我仍然缺少一个什么重要角度呢?

第 7 章 和谐

父亲正在说服我跟他讨论和谐的概念,来弄清楚阻止清晰思考的第三个障碍,他的话中有一句给我的印象特别深刻,他说:"当你追寻有潜力的机会时,你很可能需要跟其他人密切合作。"之前我们讨论如何达致完美人生时,父亲提到两个成功的必要条件,一是有毅力克服失败,二是有很多机会。看来,他刚提出了第三个必要条件,这就意味着我需要回到那个逻辑路线图并加上一笔。

- 如果我想取得够多有意义的成就,我很有可能需要跟其他人合作,建议小心选择我们的伙伴或听众,但这不一定很容易办到。细想之下,我了解到:我的抱负越大,我需要跟越多的人或群体合作,而选择他们的自由就越低。因此,抱负越大,确保合作性的能力就越重要。
- 即使我们知道需要跟谁合作,即使我们已尽了最大努力尝试令双方好好合作,我们也并非总是成功的,很多时候,对方不同意我们的提案,或者忙于他们自己的那一套,或者……父亲说。"清晰思考,在所有情况下都有助于求取合作,甚至当一开始双方关系就并非和谐而犯错的是对方时"。真的吗?!

伊芙拉 高德拉特-亚殊乐的注解

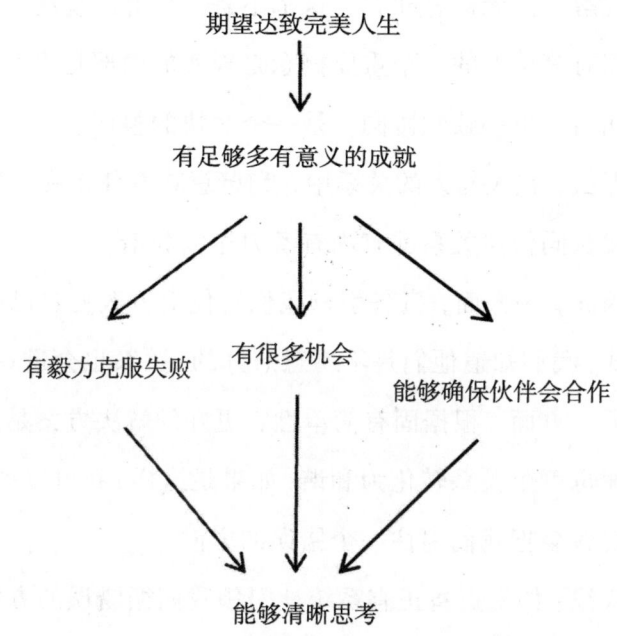

- 父亲所讲的情况是,我们跟某些人的关系并不和谐。
- 此外,他指的那些困难情况是,不和谐很明显是由于对方的过错造成的。
- 我们会怎样做呢?当然,我们会责备他们。
- 然后,我们循责备所指的方向寻找解决方案——我们力压对方,要他们改变他们的行为或运作模式来解决问题。
- 过去的经验(和一些情绪上的伤疤)显示,强迫跟我们关系不好的人按我们的要求办事,这种做法是不受欢迎的,他们将反击,我们将加压,经过几个回合后,强者大概会胜出,但关系必将进一步恶化,令今后可能发生的问题更

难解决。无论怎样看，这都不是一个好的境况。

- 固有简单性的一个重要概念是现实的内部是极其和谐的，和谐是指一致和协同，是一个愉快的整体。

- 那么，在人与人的关系中，和谐意味着什么呢？父亲想让我认同任何关系都有固有潜力达致和谐。

- 因此，一方面，责备引领我们迫使对方改变自己的行事方式，我们知道他们是不愿意照办的，关系也会进一步恶化。另一方面，根据固有简单性，更好的解决方案是有的，方案也可令关系转化为和谐，如果是这样，我可以得出结论，责备会把我们引往一个错误的方向。

- 底线：如果责备正有系统地引领我们循错误的方向寻找解决方案，我就明白了为什么父亲称之为清晰思考的障碍。

虽然我看到了相关逻辑，但我仍难以接受这一论调，在我个人生活及业务中，我都积极寻找和谐的关系。是的，在一些情况下，负面情绪是那么强烈，以致有关各方甚至不愿意寻找一个大家都能认同的解决方案；但在其他情况下，我们努力寻找解决方案，的确很努力，有时候却没有找到。我真的相信在这种情况下双赢解决方案根本不存在，有些关系其实不算关系。但父亲声称每种关系都有变得和谐的潜力，嗯，也许在理论上是这样吧。根据我的经验，这个说法是如此牵强，我不愿意随便接受，在我考虑改变我的看法之前，我需要至少一个决定性的例子，我需要看见，甚至在不可能的情况下，仍然可以找到和谐。再者，我想看

伊芙拉 高德拉特-亚殊乐的注解

看固有简单性的信念如何令我找到这种难以捉摸的和谐。

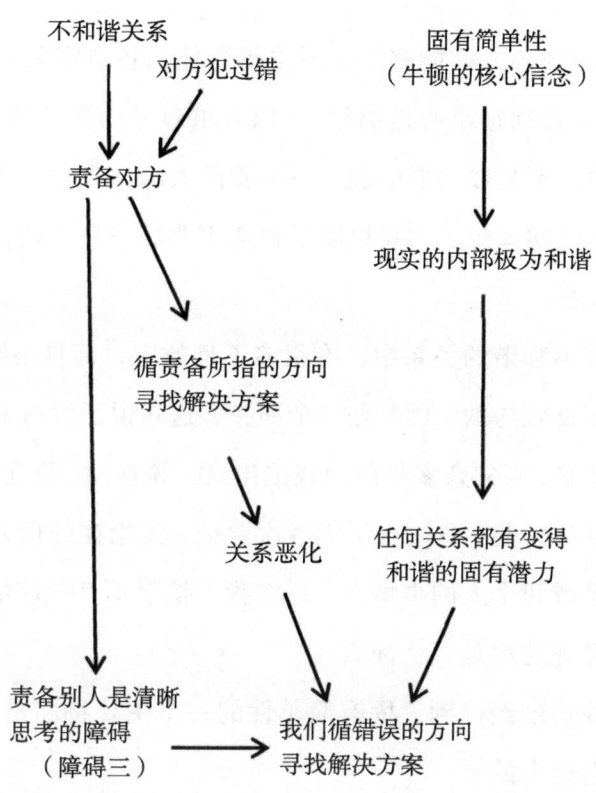

第 9 章　双赢

"一项令各方都能够从关系中得到他们各自需要的东西的改变""改变必须很小心地提呈""以寻求对方的赢开始""寻找一个不同的但不是较次要的赢"……我的大脑在飞驰,太多见解需要我花点时间想想了,我想以了解最主要的信息开始,我试着画逻辑路线图。

- 在不和谐的关系中,有很多不良效应,而且很明显。
- 不良效应的"因"是一个冲突,这句说话没有前一句那么明显,当父亲多年前向我提出这个说法时,我觉得很惊讶,从那时起,我进行了无数次验证,无论在处理人与人的关系或我个人的事情上,每次我下挖至不良效应的根源,所发现的都是一个冲突。
- 我们已经提到,固有简单性的一个主要特性是,"因"是会融合的。
- 如果在不和谐的关系中有很多不良效应,它们的"因"都是冲突,而"因"是会融合的,那么,在这一乱局的根部,无可避免地我们会发现一个冲突,通常是一个重量级、长期存在的冲突。
- 冲突触发责备,我们没有得到我们想要的,就是由于对方不负责任及轻率。
- 如果不和谐关系的根源"因"是一个冲突,而冲突触发责

伊芙拉 高德拉特-亚殊乐的注解

备,那么,正如大家所料,在不和谐关系中,一方(通常是双方)倾向于责备对方。

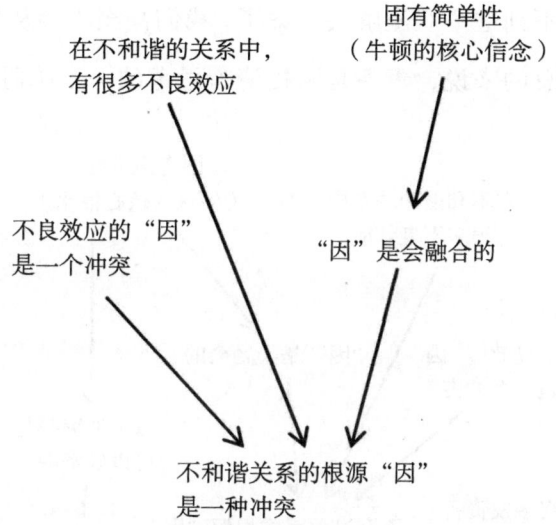

- 我们还提到,固有简单性的一个主要特性是,冲突是可以破解的。
- 父亲想说服我的是,如果不和谐关系的根源"因"是一个冲突,而所有冲突都是可以破解的,那么,甚至不和谐关系的底层的长期存在的冲突也是可以破解的,一个可以把关系变为和谐的双赢解决方案是存在的。这点尽管我仍难以置信,他刚刚用一个例子向我证明了,而在那个例子中,和谐是毫无希望的,这真的很发人深省。
- 谈到发人深省,父亲的报告向我显示了另一件事:责备的贻害是那么大,甚至很明显的双赢解决方案也被掩盖了。
- 现在我看到他想向我表达的意思了:如果一个可以令关系

更和谐的双赢解决方案存在，但在这种关系中，我们倾向于责备，而责备甚至会掩盖明显的双赢解决方案，难怪我们找不到这个双赢解决方案了，我们甚至不会从那个方向想。总的来说，责备是阻挡清晰思考的一个障碍。

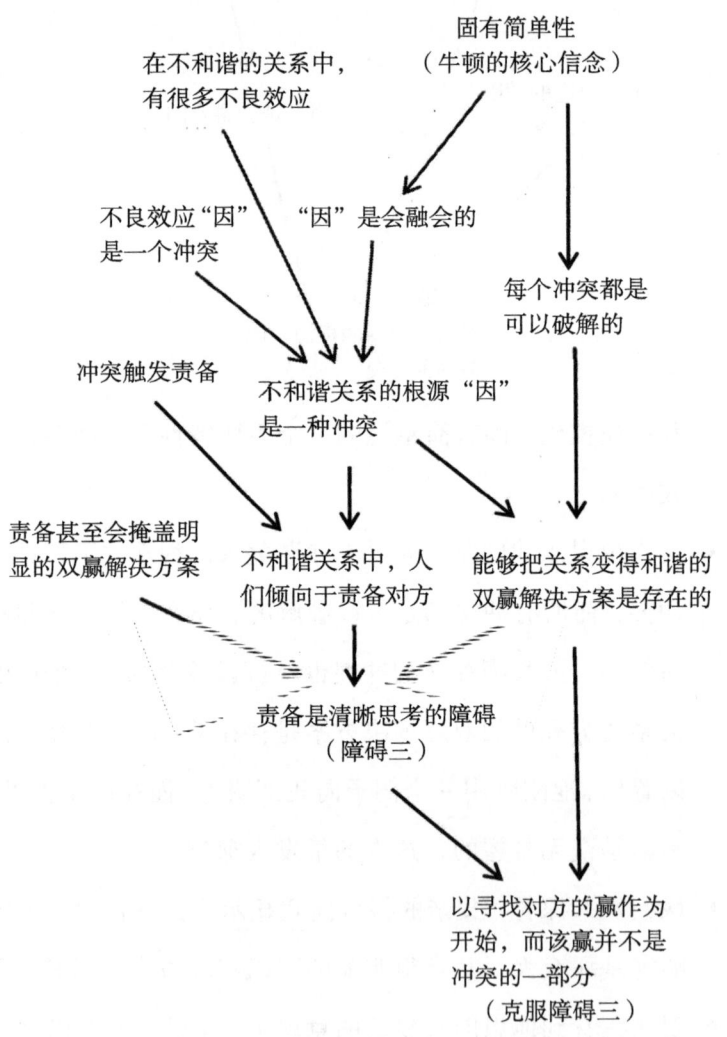

- 如何克服这个障碍呢?如果我们以"双赢解决方案是存在的"这个信念行事,而我们一向只顾争取自己的赢,那么,我们改为一开始就为对方争取他的赢,是有意思的。为了避免回到该冲突,我们应该为对方寻找一个赢,而这个赢是跟该冲突无关的。

我要深入再想一想,然后才继续读报告。

第 11 章　我们有多少机会

- 让我们从一种很常见的情况开始：我们正身处一个很熟悉的环境中，我们在这里已经好一段时间了，我们一直在努力改进，我们认为我们已尽所能，我们懂得这种情况。
- 当然，我们同意，进一步改善总是可能的。
- 但我们是现实的，我们知道，在这种环境中，进一步改善只是意味着加一点最后的点缀、修补、润饰而已。
- 在这一阶段，没有人会期望长足的大进展，一般的预期是，进一步改善会有用，但效果会越来越低，进一步改善只能提供日渐减少的收获，这就是现实（或至少是我眼中的现实）。
- 但是，从父亲的谈话、行为及他对日渐减少的收获所表现的不耐烦中，我观察得出的印象是，他的出发点是突破总是有可能的。
- 根据定义，突破会带来绩效表现的大飞跃。
- 这意味着，跟传统的思维（收益日减）相反，父亲大概认为，绩效表现上的大飞跃总是可能的。

我还远远不能接受这个看法，但我想通过他的眼睛来了解大局，先探讨一下相关的含义吧。

- 明显地，接受"收益日减"这个现象，是由于我们确信"我们懂了"身处的环境。因此，如果父亲"绩效表现的大飞跃总是可能的"这个说法是正确的,那么"我们懂了"这个看法正阻挡着我们取得该大飞跃,如果他是对的,"我们懂了"这个看法就是阻挡清晰思考的一个障碍。

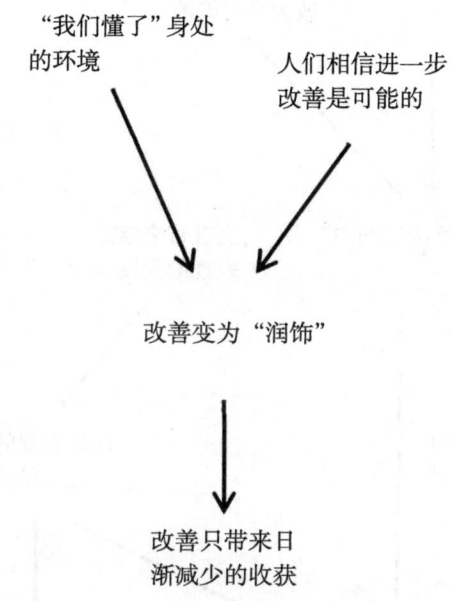

- 更重要的一点是,如果绩效表现的大飞跃总是可能的,这就意味着我们可以大幅改善任何我们认为"我们懂了"的状况。这样的情况很多,我希望它们可因此获得显著改善,这意味着,达致有意义的成就的机会比我向来希望的多。

在浮沙上的这个逻辑堡垒基于一个假设,那就是,父亲是对的,而其他人是错的。恕我直言,我需要一个证明——一个确切的证据,证明即使在上佳的、我们认为"我们懂了"的环境中,突破仍然是可能的。我很高兴,父亲在出差之前能够发给我那份

报告，我有好奇心，希望尽快开始阅读。

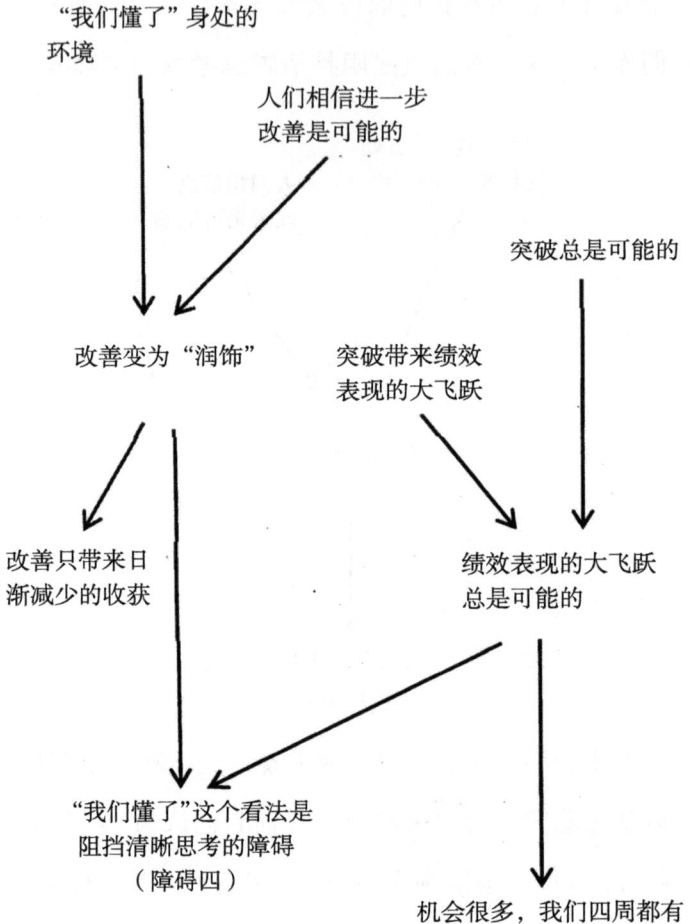

伊芙拉 高德拉特-亚殊乐的注解

第13章　连天空也不是极限了

- 乍看之下，要克服第四个障碍（我们倾向于认为"我们懂了"），方法似乎很简单——不要这样想就是了。再深入想一想，就绝不简单了，仅仅宣称我们不再认为"我们懂了"是不会令我们走多远的，应该更具体一点：在什么情况下，"我们懂了"这个信念会阻挡我们呢？我们应该怎样做才算小心呢？

- 让我们假设，我们做了点事，实施了一项改变，不管是在什么领域，行动是有效的，却还没有完全达到原来预期的成果，但它还算有效。我们的典型反应就是，接受现实，然后就去干别的事了，我们不理会我们原来的期望与实际成果之间的差距。但是，遵循父亲倡导的做法，我们的动作将恰恰相反——我们会细看该差距，我们应该停下来，检视一下那意料不到的结果：如果结果比我们预期的低很多，这就意味我们遗漏了什么，我们要仔细查究。有趣的是，同样的逻辑也适用于当结果是出乎意料的好时，对预期成果的任何偏离都意味我们并非充分明了状况，我们应该停下来查究一下，就像当父亲看见面包销售量远远高于他的预期时他采取的行动那样。

- 问一问，为什么我们得到出乎意料的结果？这会把我们的假设浮现出来，并最后揭露导致结果跟预期之间出现落差

的错误假设。我们应当挑战这个假设，挑战错误的假设就可以揭示出改善之道。当父亲发现，保守倾向仍然存在就是由于零售商主不愿意被卖不出的面包卡住时，他就主张回收那些面包并全额退款，这项主张肯定会进一步大幅改善成果。

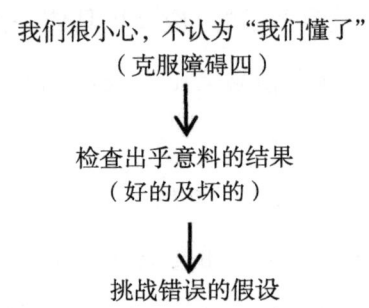

- 挑战错误的假设并加以纠正之后，并不意味着我们可以安枕无忧，差距只不过是错误的假设所引起的一个影响而已。纠正行动通常会导致几个影响，我们仍然需要小心，不要以为我们懂了整个状况，反之，我们需要持开放态度，重新思考所有相关事宜。
- 我们不能因为我们决定了或进行了某些事情，而成果是正面的，就显得自满。我们进行一项改变之后，应回头查看新的改变所带来的影响，并看看所有相关事项能否配合并运作良好，现在我们是否可以预期获得计划中的所有成果？是否需要进行进一步的补助性的改变？或者，一旦新的改变实施了，我们是否有些旧方案或旧程序也许可以退

伊芙拉 高德拉特-亚殊乐的注解

下来了？采取审慎态度，真正查看新的改变产生的所有影响，有时候可以带来惊人的启示。当父亲花时间这样做时，他很快意识到，实行回收卖不出的面包及全额退款后，再也不需要每天交货两次了。如果他没有要求我看看这项改变的影响，我肯定会遗漏这点。

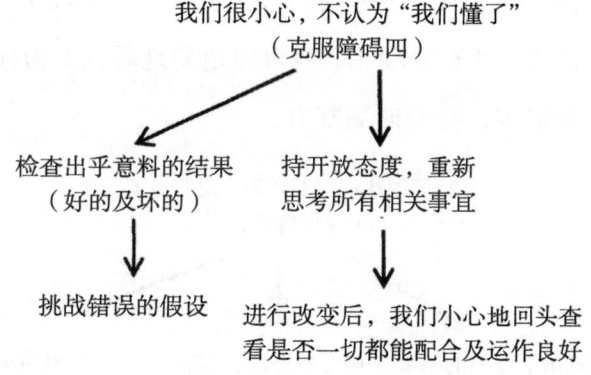

- 即使重新思考了一切相关事宜，父亲还没有停下来，对他来说，不以为"他懂了"有另一层意义，他很好奇，想看看计划中的改变会引发什么影响。
- 他的意思是，每个解决方案都是在产生新的现实，新的现实意思就是我们从没有想象过的新的可能性，没有想象过是因为它们在之前的现实中尚未存在。他说他有兴趣看看这家公司将拥有的新竞争优势，以及如何尽量利用这些优势。
- 我查看在我面前的逻辑路线图，我有所领悟，当我琢磨"永远不要说'我懂了'"这句话时，我感觉父亲永远不会自

满,他相信突破总是可能的,但只有在今天,我才明白他是如何有系统地行事的,他真的相信,任何状况,不管现在已多美好,都是可以大幅改善的。他在一个产生良好成果的项目中找到一个差距,分析它,找出方法来进一步提高成果,他重新查看他提出的改变,找出另一个方法来改善,然后他分析那些改善所引发的新的现实,再找出新的优势,并充分利用。我可以清楚地看到,为什么他宣称机会很多,我们四周都有。

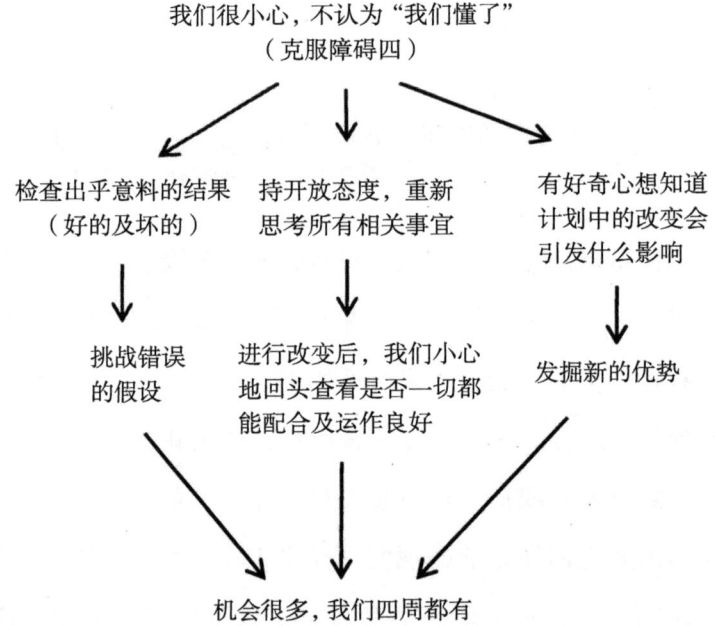

我必须承认,我现在环顾四周,看不到机会从各个角落扑出来,也不知道如何分析状况,以致能够明了状况是何等简单及如

伊芙拉 高德拉特-亚殊乐的注解

何能够毫不费力寻找和谐的解决方案。在此刻，这一切对我来说只是空想而已。但经过在车上跟父亲的交谈，我感觉乐观一点了，其实我比以前乐观多了，这是怎么一回事呢？他只是用纸牌在空中建造摩天大楼而已，而在他的未来的解决方案中，连天空也不是极限了，是什么令我感到乐观？！我肯定应该感到极度怀疑，而出奇的乐观之感却降临我身上，这两者之间的落差我有没有察觉到呢？父亲谈及需要检视出乎意料的成果，这良好的感觉是从哪里来的呢？来自我有信心做到他谈及的美妙事情吗？我仍然不知道我能否办到，而安逸人生的确很诱人。

那么，为什么我会感觉良好？我想，我是知道的，到现在为止，我的印象还是，到底我能否遇到够多的机会来完成人生中有意义的事，并非由我主宰，只是看运气而已。但父亲现在向我展示的是，把我的重要事情做好，并非只关乎纠正不好的东西。即使状况已经很好，我仍然可以继续大幅改善它，一切由我来决定。这一系列问题已经困扰了我很久，父亲的说法是有道理的，我第一次感到有冲劲一试，我要投入一切所需来令自己习惯清晰思考。

不过，我应该如何学习清晰思考呢？？？

第 14 章　清晰思考与赘述

- 我们习惯视现实为非常复杂，通过清晰思考，以因果关系为重点，我们要揭示现实的简单性，我们从现实中观察到的效应开始，下挖至它们的"因"，根据固有简单性，如果我们挖得够深，各个"因"开始融合，最终我们得出根源"因"，就在状况的底层。

- 我们并不需要做点什么来令各个"因"融合，只要我们针对的状况是真实的，它们就一定会融合，但我们必须找出真正的"因"，如果找出的"因"是错的，我们得出的只是一个没有用的、假想的因果关系分析而已。假定可能的"因"是相对容易的，因果思考的真正挑战在于，证明我们找出的"因"实际上就是现实中的"因"。

- 这就是父亲提出警告之处：当试图证明一个"因"时，很容易进入一个循环——"我们怎么知道 X 是 Y 的'因'呢？因为 Y 存在"，谁说只有狗才会追逐自己的尾巴？如果我们想找出有效的"因"，我们必须避免循环逻辑——赘述。

- 当考虑中的"因"包含一个抽象事物时，我们就要格外小心了，抽象事物会招引赘述。而在人类的环境中，如企业，抽象事物无处不在（甚至"机构"这个词也是一个抽象事物）。

- 那么，我如何证明 X 是 Y 的"因"，而不致陷入赘述这个陷阱呢？父亲建议用科学方法——"预期效应"的机制，

伊芙拉 高德拉特-亚殊乐的注解

我们可用以下方式来思考：基于 X 是 Y 的"因"同样的逻辑，X 还会导致其他什么"果"？如果我们能成功地提出不同的"果"（Z），并证明它在现实中存在，我们在建立 X 为"因"上就取得进展了。X 和 Z 的因果关系越强，X 是 Y 和 Z 的"因"的机会就越高。

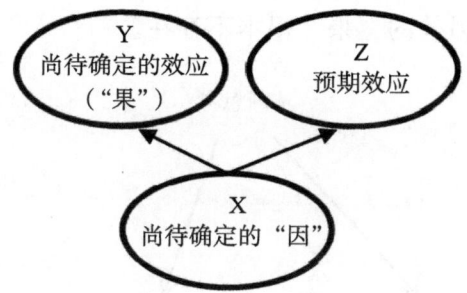

- 我应回到父亲给我的例子，看看我的思路对不对。

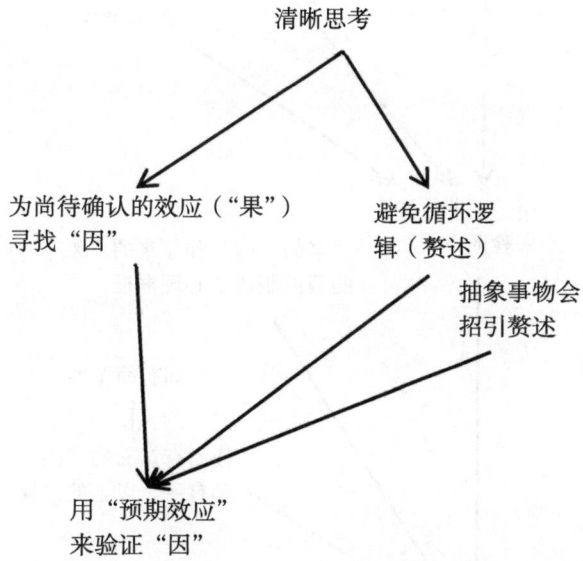

- "预期效应"机制不一定很容易用,我们试图假说 X 还会导致什么"果",而很多时候我们唯一找到的"果"只是 Y 而已。似乎原来的"因"和原来的"果"制造了一个心理框框,令我们无法跳出框框来思考,我们被困在框框中越久,我们就越怀疑自己是否在追着一个"鬼",我们开始感觉另外的"果"根本不存在。

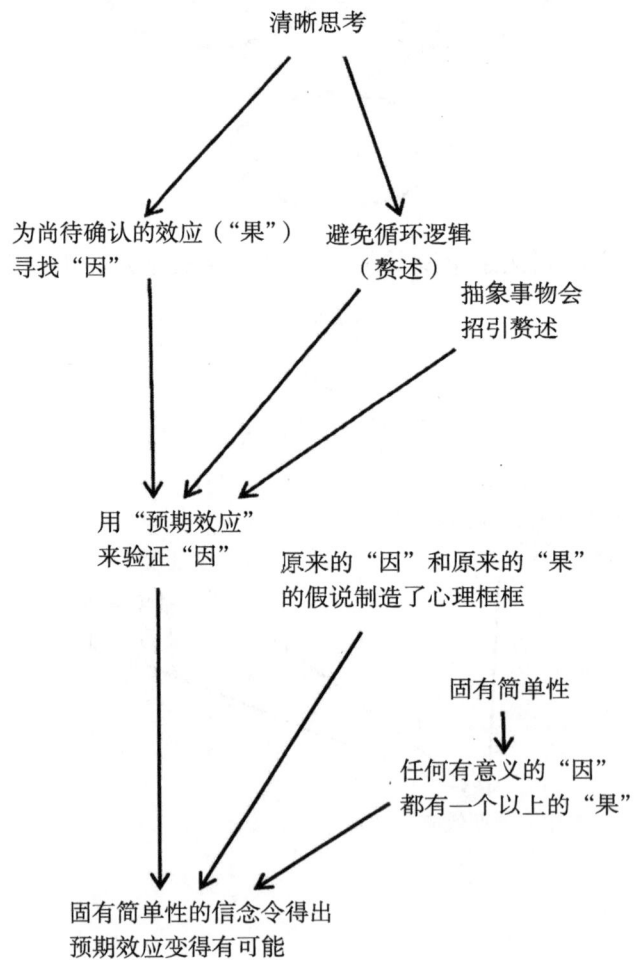

伊芙拉 高德拉特-亚殊乐的注解

- 书中已多次指出，固有简单性的一个主要方面是，各个"因"是会融合的。这就意味着任何有意义的"因"会导致一个以上的"果"。
- 因此，当我们试图用"预期效应"来验证"因"，而我们正被困于上述框框中时，则起码固有简单性的信念会令我们确信那儿还存在着至少一个有意义的"果"。

对我们正在寻找的东西确实存在充满信心，这点令人感到鼓舞，但还不足够，我可以给一些简单提示，帮助得出预期效应。回顾我和父亲的讨论，他其实给了我两个提示。

1. 试着找出你的"果"的其他"因"，一旦你增加了两个或以上"因"，要得出一个预期效应来证实其中一个"因"及否定另一个"因"就容易得多了。当父亲和我讨论"销售量下降是因为市场的口味变化"这个假说时，这个思路很有帮助。

2. 解释／定义"因"，一旦你开始谈论它，通常可得出另一个"果"来证明这个"因"。当父亲问我"人们抗拒改变"是什么意思时，这个思路很有帮助。

回想一下，当我问父亲如何实行清晰思考时，我预料的是一场重型火炮的大行动，我想象会接到详细的指示来对大题目进行分析，需时……我的确想实行清晰思考，但我真的不能找到所需的时间。在跟父亲讨论预期效应机制时，我意识到我做了两个错

误的假设：我其实不需要等待特别的场合来练习清晰思考；所花时间其实也不多。当父亲谈及练习清晰思考时，他是指日常简单的事情，几乎每次我说出、读到或听到意味着因果关系的词时，如"因为"和"所以"，我就可以利用机会练习。没有任何借口了，我应该练习。

第 16 章　人都是好的

- 正如我们已经说过的，通过清晰思考和因果关系思维，我们希望在现实中为我们看到的"果"找出"因"。
- 在寻找真正的"因"时，我们看到，我们要很小心的一个陷阱是赘述，另一个很不同的陷阱是我们责备他人的倾向。我自认不犯这两个错误，而当父亲给我的考验就在眼前，我思考那些经理们的行为时，在我脑海里第一个反应就是责备他们，我并没有看看在当时的环境中有没有任何事物可解释他们的行为，我立即就假设是他们的过错。

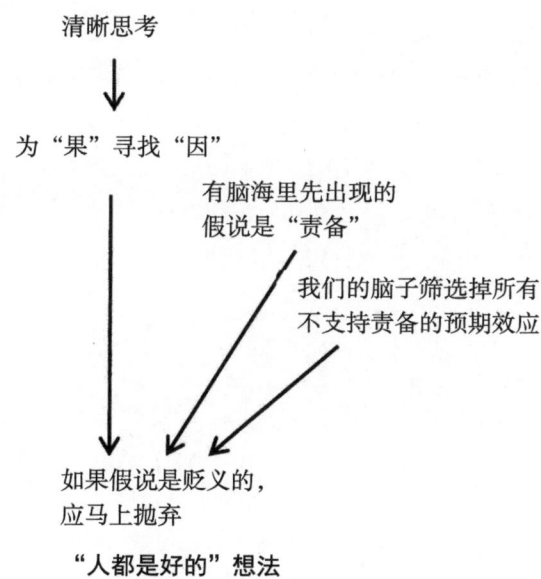

- 问题是，我们的脑子是非常支持我们的，一旦我们开始责备，我们的脑子就会自动力图证明我们是对的，我们筛选

掉所有不支持责备的预期效应,我们能得出的都只是支持责备的预期效应。

- 这意味着,如果我们决心找出真正的"因",我们必须非常小心,首先,不要落入责备陷阱。根据父亲的解说,我们可视贬义的用语为警号:如果我们注意到我们正对某人用贬义的字句,我们应马上抛弃我们的假说,并寻找一个不同的"因"。

第 18 章　情绪、直觉和逻辑

这对我来说真有道理。

- 我们有情绪，情绪驱动直觉，直觉驱动理解及成果，就在这里，逻辑进来了：如果我们学懂了清晰思考，我们就进入了循环，每经一次循环你的理解和成果就升高一点。

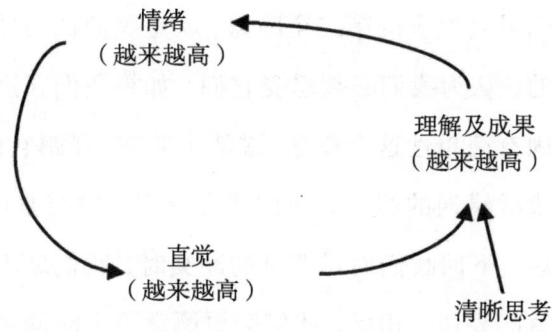

过去几个月，父亲和我讨论拼图的不同组块，现在，我终于看到大拼图了。

- 想达致完美人生，我们就需要有足够多有意义的成就；想有成就，就要有毅力克服失败，有很多机会，并能与他人合作。为了提高我们的能力来做到这三点，我现在明白了为什么我们应该投入时间和精力学习清晰思考及因果思维。
- 为了能够清晰思考，我们必须克服四个根本的障碍。
- 我们需要克服的最深刻的障碍，是我们内心中一个根深蒂固的观念，认为现实是复杂的，这不是说，在我们开始实

质行动之前就要先投入以年计的时间来接受"现实是简单的"这个见解,我们只需要认真试试固有简单性这个概念,一旦有进展,我们就会看到,从看似复杂的状况中,我们发掘出一个根源"因",我们应聚焦于它,以解决问题,这加强了我们的信心,认为现实真的是简单的。到这个阶段,我们就更愿意在下回遇上难题时寻找相关根源"因"。

- 我们需要克服的第二个障碍,就是我们认为冲突是无可避免的,认为我们必须忍受它们。如果我们在这里也认真试试固有简单性这个概念,澄清了冲突,暴露它的深层假设,并挑战错误的假设,我们就会看到,冲突是可以破解的。然后,下回我们面对严重的冲突时,我们就不接受一个不满意的妥协,相反,我们会更愿意投入时间和精力去破解冲突。

- 我们需要克服的第三个障碍就是我们责备他人的倾向,不管我们对人性有什么个人看法,我确信,如果以责备他人开始,我们的方向就是错误的。如果我们决心解决一个涉及另一方的问题,不管是什么领域,我们应制止责备的倾向,假设对方是好的,并寻找双赢解决方案。在这里,如果我们试一次而效果不错,下回就比较容易避免责备他人了。

- 我们要克服的第四个障碍是我们倾向于认为"我们懂了"。一旦在这方面小心一点,我们将能够大幅改善一个情况,

伊芙拉 高德拉特-亚殊乐的注解

而这个情况是我们先前以为我们已做了一切可以做的事来改善,那么此时要接受"任何状况都是可以大幅改善的"这个概念就容易得多了。

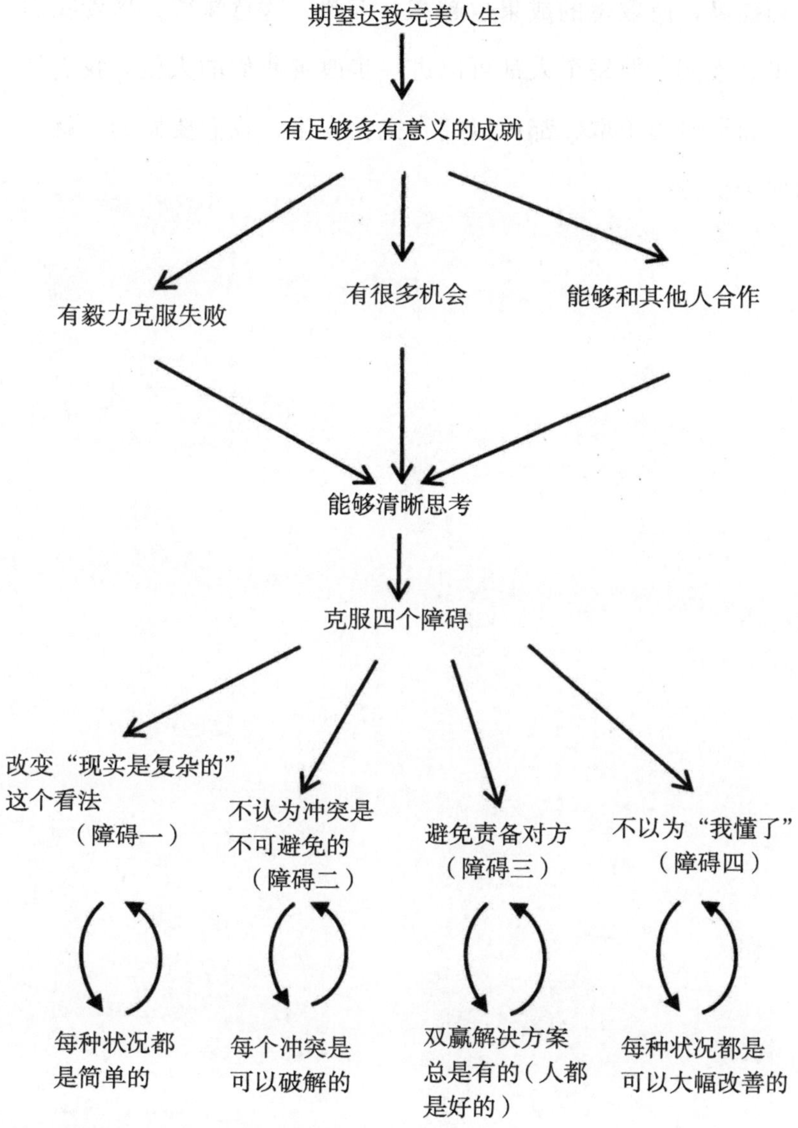

期望达致完美人生
↓
有足够多有意义的成就
↙ ↓ ↘
有毅力克服失败　　有很多机会　　能够和其他人合作
↘ ↓ ↙
能够清晰思考
↓
克服四个障碍
↙ ↓ ↓ ↘
改变"现实是复杂的"这个看法（障碍一）　　不认为冲突是不可避免的（障碍二）　　避免责备对方（障碍三）　　不以为"我懂了"（障碍四）

↻　　↻　　↻　　↻

每种状况都是简单的　　每个冲突是可以破解的　　双赢解决方案总是有的（人都是好的）　　每种状况都是可以大幅改善的

　　这很有趣,我从激励的角度看这些小型螺旋体:我们越努力,我们就越成功;我们越成功,我们就越受到激励要再尝试。而我们的技能也是这样,我们尝试的次数越多,我们的思维技巧就越能得到提高,所取得的成果也越高,因此,这意味着,尽管我们的起步点不同,但每个人都可以进一步改善我们的人生。我们每个人,如果努力争取,都可以拥有完美人生,我们要做的,就是做出那个抉择。

附录

抉择的自由[①]

[①] 这是一份于 2007 年 7 月发给高德拉特机构的报告，我用这类报告在机构中孕育一种文化——以严谨的态度来衡量如何把我们的工作做得更好的文化。因此，尽管这份报告所表述的事实都准确，但它的风格并不是人们通常在一份企业文件中所看到的。为了方便不熟悉高德拉特机构运作的读者阅读，报告内容曾稍作修改。

高德拉特博士发给高德拉特机构的一份报告

我已经习惯了快节奏的生活,但过去几个星期所发生的事情,已突破了一切我以前经历过的。

6月25日星期一晚上 我在荷兰,高德拉特机构巴西区域总裁托马斯打电话来了,他在7月10日,即15天之后,有一个会要开,对方是一家大型零售连锁店的董事长,而我们还没有一份文件清晰地表述我们在零售上的解决方案。

了解到高德拉特机构在巴西的销售渠道需要加强,并听到托马斯说该零售商的年销售额超过4亿美元之后,我问他,如果我撰写零售的解决方案,并飞赴巴西跟这个潜在客户开会,他的反应会怎样?他响亮地回答:"好哇!"

我继续说:"急迫地撰写一份这么大的文件,并飞越半个地球,只是为了一个两小时的会议,是没有太大意义的,你能不能安排另外三家零售商的会呢?"

托马斯简短的答案是:"我已经在安排了。"

我要求48小时来做决定。不到一小时后,高德拉特机构拉丁美洲区域总裁泽威亚也打电话来了,他将在7月9日到哥伦比亚跟一家年销售额5 000万美元的零售商开会。真是无巧不成书,4年来,我们没有跟任何零售商开过会,而现在却有两宗同时冒出来了,我告诉了他我跟托马斯的谈话,并开始考虑先飞往哥伦比亚,再飞往巴西这条航道的可能性。

6月27日星期三下午 我的技术助理丽莎在英国诺丁汉市

附录 A 抉择的自由

和我们汇合,明天我将在一个 MBA 班讲最后一天课,题为"TOC 用于医疗服务"。而今天,在晚上我为一个 150 人的聚会做演讲之前,我还有几小时空出来。酒店不准吸烟,所以我们(我的儿子拉米、丽莎和我)就跑到一家酒吧去。今后,我不得不想想其他办法了,因为 4 天后,"禁止吸烟"这个流行病将在英格兰所有公共场所执行,包括酒吧。"我应该去巴西吗?"我问。

我们有一个研讨会定于 8 月 17 日在巴西举行,由于一些问题,我担心研讨会将浪费我的时间,目前研讨会的组织单位还远未能肯定能否达到我们的最低要求——带来 30 家企业的高层,但如果我能够促使连锁店董事长建议他的供应商出席研讨会,我在 7 月的巴西旅程则将可确保 8 月的研讨会有很多人出席。一小时后,证实我可以重新编排我的行程,决定就做出了。

6 月 30 日 托马斯已安排了 5 家零售商的会,最大的零售商是一家年销售额 80 亿美元的公司,最小的 20 亿美元。尽管我们在供应链上有很多经验,包括零售商,但到目前为止,我们还没有向大型零售商演示过我们的解决方案,我要求他停止安排更多会议:"行动的规模不要再扩大了。"

托马斯肯定已完成他的任务了,现在,我要做好我的那部分工作了,我是在丽莎的"鞭子"下疾书的。

7 月 6 日 还有几小时可以利用,零售商"战略战术图"(strategy and tactics tree)——一份表述零售商解决方案的逻辑结构的文件已经准备就绪了,我对文件感到很自豪,我不去哥伦比

亚了,我反而花2小时在Skype上,向泽威亚解释如何演示零售商战略战术图,我要他发誓一定向我汇报他跟那家比较小的零售商的会议的情形,尽他记忆所及,有多详细就多详细,我希望在会见巴西最大的5家零售商之前,能有充分的准备。

7月8日 当我们到达圣保罗市时,"云霄飞车"就开动了,托马斯向我报告他们是怎样安排那些会议的,我们谈了不久,消息传来,原本安排在7月10日参会的那家零售商说会议不能如期参加了,那么,他们安排的会议,其实还没有一家把日期落实,他们从来没有和零售商合作过,在零售业也没有什么人脉关系。经验表明,如果没有事先建立的关系,通常需要数以月计的时间才能安排跟一家大公司的最高层经理开一个两小时的会。

反正不会有任何损失,托马斯和他的团队编制了由圣保罗市十大零售商组成的梦幻清单,并决定只集中在这几家身上。他们看看有哪些朋友认识这些零售商的什么人,任何人(不管有多低层),通过这些"关系",他们成功地联络上这些零售商的底层职员,他们解释了会议的目的:高德拉特博士想跟对零售有广泛经验及知识的人士一起检验他的零售商解决方案,一旦他们得到了犹豫的(或不那么犹豫的)反应,说联络人会向他的上司试探安排会议的可能性,他们就发一封信推进一下。

行动一直升级,5天内,在原来的10家零售商中,他们已安排了5家的会议(另外3家在等待我提出更多的会议日期),会议的参与者都是公司高层,董事长、采购和销售副总。在零售业,采购和销售副总有很大的权力，一位决定买什么货品，另一位决定每种产品的售价及陈列空间。

这是惊人的，如果可以为这些大公司这么高级的人以这样的速度安排会议而不需要事先建立关系，那么我们是大大低估了我们的声誉了，有什么可以阻挡我们在其他区域照办呢？他们的行动没有一项是巴西独有的，巴西的零售商跟世界上其他地区的零售商没有分别，我们的 TOC 制约法并非在巴西才出名，我们在其他区域的人员也同样博学及进取……

我强迫自己不去想大局而聚焦于手头上的任务，我们将会见公司高层，我怎么克服他们的倾向——以一大堆验证考核或"操作试验"来开路？

如果他们开始考虑要求进行操作试验，我们就根本没有机会说服其立即推介其供应商出席下个月的研讨会。

肯定有帮助的是，我们的解决方案的逻辑（一旦解释清楚）是显而易见的，支持方案的是那么多的事实——任何零售商都有共鸣及非常熟悉的事实。也许他们会认识到，操作试验只是验证显而易见的东西而已，不会添加任何实质的东西，但肯定会延迟取得盈利上的成果。此外，任何零售商大概都觉得他们的供应商表现差劲，都已倾向于采取行动鼓励供应商改善了。

这是否足以克服他们的操作试验心态呢？我对此表示怀疑，我还欠缺什么？

昨天晚上我睡得不好，一定只是由于时差的原因吧。

7月9日　我向我们本地的团队详细演示了解决方案，对他们来说，有那么多材料都是新的，而我希望他们在那些潜在客户面前都显得信心十足，我们的人都习惯从供应商的角度看供应链，因此，从另一端——零售商的角度——看同一供应链，就有点困难。但一旦他们适应了，就能够看到这个解决方案跟我们其他解决方案之间的分别。把零售的运作理顺，相对于生产，是简单的（相对于项目，那就更简单了），也没有必要进行任何销售和营销活动，在零售业，改善运作就会自动转化为销售量的增长。

取得成果是那么容易，而成果是那么大，确实惊人，我觉得很诧异，为什么我从来没有把它提出来并明确地解释它呢？事实上，我甚至对自己也没有这样做，嗯，爱因斯坦说得对："有两样东西是无极限的，宇宙和人类的愚蠢，我不敢肯定宇宙是不是这样。"

我们查看了方案在财务上的影响，我们的收费是跟所取得的实际成果挂钩的，定为公司价值增额的10%左右，难怪我们的合同讲的都是很多个百万美元。但是，将我们的标准计算公式用于我们即将会见的大型零售商，我觉得有点不安。在零售业，将我们的客户的销售利润率变为双倍以上是那么容易，相较之下，我们的收费就会显得过高，我们重算那些数字，尽可能保守，但又不至于过于愚蠢，然后，我们再砍掉一半，但帮助不大，我决定停止数字游戏。

有一点很清楚：未来两天的会议非常重要，比我原先理解的更为重要，我决心尽我所能进行准备工作。在这种环境下，不确定性是那么高，而潜在收获是那么大，我觉得有点不自在。我还遗漏了什么？我还需要做点什么来确保预期的成果？

晚上 8 点钟，泽威亚终于打电话来了，他的语调足以显示他的会议进行得很不错，但电话线路很糟糕，以至于我需要放弃即时的查问，改为要求一份书面报告，我们要等到明天早上才可以拿到相关细节。

7 月 10 日　我应该先做哪件事——刷牙还是阅读泽威亚的报告？

远比我期待的好，泽威亚的会议印证了，当我构建战略战术图（方案的逻辑结构）并努力以零售商的角度看世界时，我所做的所有猜测都是正确的。不，我不能肯定地这样说，只有傻瓜才会预期一个原型在第一次就完美运作。

泽威亚的报告明显地显示，那位潜在客户并没有提出任何反对意见，他的所有评语，要么就是支持战略战术图所宣称的，要么就是提出一些疑问，而这些疑问都被逻辑图后面的几页明确地回答了。泽威亚对开会很熟练，难怪他给我的电邮以这句话作结："我希望你取得的成绩不比这个低。"这是一个很高的要求。

10 点钟，第一个会议开始，对方是一家国际性零售商属下的年销售额 20 亿美元的子公司的采购副总和他的三位主要助手，我必须很小心，因为太容易留给采购经理们一个印象，即他们以为解决方案是在对他们进行人身攻击，视他们为当前问题的责任

人。第一步是为会议正确定位——为我即将通过战略战术图摊开的蓝图和他们在会议进行过程中所触发的期望之间搭建一座桥梁。"高德拉特博士打算跟对零售有广泛经验及知识的人士一起检视他们的零售商解决方案"。

我已做了精心准备,那么,接下来就是找出是否会议的一切都如我所想象。会议一开始,我就说,会议的内容由他们来决定。

"我应该只讲采购部吗?我应否把范围扩大至涵盖整条供应链,或……"我直视着副总,他是这家著名企业的董事会成员。"……我应否展示真功夫——我为你们的公司构建的战略战术?"我的话语、语调和身体语言没有留给他太多选择,他审慎地选了第三种选择。从这里开始,我就在既定的航道上航行,重复泽威亚的方法了。让我感到欢快的是,这四人的反应基本上是泽威亚所描述的正面反应的回响。

我提出两个期望,作为会议的总结:他们安排托马斯见见他们的董事长;他们建议他们的供应商出席我的研讨会。由于这家零售商售卖自己品牌的时装,他们的供应商主要是承包商,有400家,它们还没有明确地承诺,但说法都是正面的。我曾主持过很多这样的会议,这次无疑是很成功的。

我们得到了第二个决定性的验证,证明解决方案对零售商是具吸引力的,但我仍然不知道我是否已经做出了正确的选择。我在会议中决定完全不提以操作试验建立信心这回事,我应该明确地表白这点吗?我不太担心这个了,会议进行得这么好。就算在

附录 A 抉择的自由

最坏的情况下,托马斯已经可以继续按照我们精心构建的流程顺利地推动一些大型企业了。真正的问题在于:它们会推动它们的供应商吗?这个研讨会只是在一个月之后,所以我们不用等多久就会知道答案。我喜爱商业世界,这是科学家的梦幻乐园。在物理学中,你必须等待(及努力)几年才有机会验证一项预期效应,而在这里,只是几个星期而已。

我们在等待下个会议开始,但被告知由于日程安排上的混淆,会议要推迟到明天,这对我来说问题不大,但接下来的几天,墨菲利用秘书们搞乱日程表的功力就充分显示出来了。

我们坐在接待大厅里,托马斯在查看他的手机短信,我们在分享一个很酷的笑话,他突然打断我们说他收到今早的零售商的两名供应商的电邮。那么,他们真的有所行动了,那么快!他们离开只不过六小时,我们坐在那儿,静静地试图消化这个消息的含义……

在我们面前,还有四个大型零售商的会要开,可以想象,我们将有 300 家公司出席研讨会,托马斯打电话给研讨会的组织单位,他后来报告说:"不用担心,我们将有足够的座位,即使组织单位要自己盖一个会议厅。"

我们需要增加多少个高德拉特机构审计官(auditor)?审计官是我们团队中知识最广博的成员,即使很有 TOC 经验的 TOC 专家也需要一年以上的培训才能达到那个水平。目前,我们在巴西有两位审计官,直至 10 分钟前,我还深信审计官的数目将不

是一个问题,起码到2008年年底。

但如果我们现在看到的都变成真的,将会发生什么事情?我开始认识到,对成功的到来,我们的准备是那么不足,难题很快就会降临我们身上。

7月11日 我们都在会议室,托马斯告诉我们,他接到昨天的潜在客户打来的电话,他们看过研讨会的宣传册,知道在两天后提早报名的价格优惠将不再适用,他们要求一个宽限期,以及一个代码让他们的供应商报名时可以用。除非他们打算动员他们所有的供应商,否则他们是不会提出这样的要求的。现在,300家供应商出席研讨会看来不再是遥不可及的事情了。

我在思考这件事情的影响。在通常情况下,出席研讨会的公司有一半会申请可行愿景项目,而这批出席者是因为他们的重要客户强烈推荐而来的,这只会令提出申请的公司数目增加。过去,大部分申请的公司都没有迈进我们的流程的下一步,是因为那么多公司都没有跟我们的标准解决方案有上佳的吻合。但这一次,几乎可以保证有上佳的吻合——我们老早就知道他们符合我们的消费品制造商解决方案,这就意味着,这次研讨会可以产生超过150位潜在客户,谁来主持那么多的会议?那么……又如何?而如果是这样的话……

"事情很不妙。"我下结论,并打电话给拉米,我告诉他赤裸裸的事实,并请他在回复时只给我一个数字——保守地估计,从今天起的一年内,我们在巴西将需要有多少个高德拉特机构审计官？

下一个会议，对方是一家连锁百货公司，年销售额超过80亿美元，当销售副总兼董事告诉我们，缺货超过25%时，我就知道会议只是我们一次愉快的重演而已，而情形确实是这样，他的反应非常好，当我建议他们公司推动其供应商出席研讨会时，他的反应极佳，其公司有14 000家供应商。对，14 000家供应商。

我们收到拉米的回复，答案是10位审计官。"也告诉他关于刚刚完结的会议吧。"我建议。5分钟后，拉米的回应是："加一个零在后面。"这句话继续在我的脑袋中回响。

下一个会议没有准时开始，"墨菲"（墨菲定律：如果有两种选择，其中一种将导致灾难，则必有人会做出这种选择。——译者注）一次又一次来袭，连番蠢事，如秘书说错了会议地点或错误的日期、圣保罗市骇人的堵车、相关主管太忙等。最终的结果是，原本总共五个会议，我们只开了三个，托马斯和他的团队感到很尴尬和恼火，但我不让它掩盖他们的功劳。

黄昏时，我们开了此行的最后一个会议，对方是上述第一个潜在客户的直接竞争对手，公司规模更大，年销售额40亿美元，会议像前几次那样顺利，他们同意安排见见他们的董事长，采购董事说，他将联络他们的供应商，共4 000家，并且他索取了研讨会所有相关资料。

在回以色列的航班上，我决定尽我所能确保高德拉特机构所有的高层主管都能齐来叙一叙，不管他们在7月19日及20日已

定了什么约会，他们都必须跑到荷兰我的办公室来。

我们一直忠告所有客户，尽量利用竞争优势将无可避免地导致销售量增加，如果他们没有准备好应付这一局面，就会轻易地毁了竞争优势及公司。

我们却没有做我们一直鼓吹的事！

我对自己感到非常失望。

7月19日　所有人都齐集在荷兰了，在5分钟内，我们将开会了。我快速地检视我的电子邮件，托马斯发来的一封邮件狠狠地轰了一下我的脑袋。

三家零售商，他只能成功地接触当中的两家，两家都告诉他，他们还没有准备安排他见他们的董事长，而且除非他们知道我的研讨会更多的内容，否则他们不会在供应商这件事情上进行任何大动作。现在看起来，这是你能预料到的一家大型企业的董事的典型答复——一种小心的、回避风险的、操作试验心态。

但现在，在高德拉特机构所有高层主管的会议之前三分钟，我没有时间和耐性进行反省。

在这个关节上，通常有两个选择。

第一个选择是，像小孩子那样做出反应，他心爱的玩具被残酷地抢走；或者像一个前来领取彩券大奖的成年人那样做出反应，他刚发现号码中只有一个数字不对。总之，"人生就是充满怨气，然后你魂归天国"。

第二个选择是，细看我们所处的境地，要领悟，在过去三个星期：

1. 现实很生动地显示了我们最佳的目标市场——零售；
2. 现实指出了从哪个方向可找到威力最强大的乘数效应——一家零售商可带出无数家供应商；

总之，现实刚向我们展示了一个非常有效的方法来充分利用我们早已建立的竞争优势。

3. 现实刚免了我们在雪崩中被埋没；
4. 所有元素都已完备，让我们可以拿到我们想要的一切，然后再多一点——有计划地及受控地。

总之，现实刚向我们显示，精心计划我们的行动以确保大幅的增长可持续是多么重要。

两个选择：一个是抱怨现实；另一个是收获现实刚给我们的礼物，这就是我所说的抉择的自由。

我们花了接下来的两天时间构建那个（现在显而易见的）"充分利用"和"持续"程序，但这是另一份报告的主题了。

持续学习

亲爱的读者：

看完这本书，您可能有兴趣更深入地了解这本书背后的TOC制约法（Theory Of Constraints），我乐意与您分享这方面的知识，让您继续追寻TOC的奥秘。

两步骤：

步骤（1） 请先扫一扫右边这个二维码，立即跟我在微信上建立联系，交个朋友，方便您随时找我提问此书的事及您对TOC的任何疑难，并且知悉TOC课程等活动的消息。

微信号wlaw1947

然后，步骤（2），请扫一扫下面这个二维码，进入我为大家组建的"TOC知识宝库"，详细看看它不断更新的丰富内容，包括：视频、电脑模拟器、多媒体学习材料、高德拉特大师的中英文版本TOC著作等，加强您对TOC的认识。

https://bit.ly/2Kjb6Bj

通过以上两步骤，TOC的大门将为您打得更开。

谢谢。

本书的中文版获授权制作人、高德拉特学会 总裁
罗镇坤 谨上

读书笔记

反侵权盗版声明

　　电子工业出版社依法对本作品享有专有出版权。任何未经权利人书面许可，复制、销售或通过信息网络传播本作品的行为；歪曲、篡改、剽窃本作品的行为，均违反《中华人民共和国著作权法》，其行为人应承担相应的民事责任和行政责任，构成犯罪的，将被依法追究刑事责任。

　　为了维护市场秩序，保护权利人的合法权益，我社将依法查处和打击侵权盗版的单位和个人。欢迎社会各界人士积极举报侵权盗版行为，本社将奖励举报有功人员，并保证举报人的信息不被泄露。

举报电话：（010）88254396；（010）88258888

传　　真：（010）88254397

E-mail：dbqq@phei.com.cn

通信地址：北京市万寿路 173 信箱
　　　　　电子工业出版社总编办公室

邮　　编：100036